普通高等教育“十一五”国家级规划教材
全国高等学校体育教学指导委员会审定
高等学校教材

排球运动

Paiqiu Yundong

第二版

张瑞林　总主编
孙国民　主　编

高等教育出版社·北京

图书在版编目(CIP)数据

排球运动/张瑞林主编；孙国民分册主编. —2 版.
—北京：高等教育出版社，2010. 11（2019.12 重印）
ISBN 978-7-04-028424-9

Ⅰ. ①排… Ⅱ. ①张… ②孙… Ⅲ. ①排球运动—高等学校—教材 Ⅳ. ①G842

中国版本图书馆 CIP 数据核字(2010)第 198379 号

策划编辑 范 峰　责任编辑 王 玲　封面设计 王凌波　版式设计 范晓红
责任校对 姜国萍　责任印制 田 甜

出版发行 高等教育出版社
社　　址 北京市西城区德外大街 4 号
邮政编码 100120
印　　刷 三河市华润印刷有限公司
开　　本 787×960 1/16
印　　张 11.5
字　　数 210 000
购书热线 010-58581118
咨询电话 400-810-0598
网　　址 http://www.hep.edu.cn
　　　　 http://www.hep.com.cn
网上订购 http://www.landraco.com
　　　　 http://www.landraco.com.cn
版　　次 2005 年 10 月第 1 版
　　　　 2010 年 11 月第 2 版
印　　次 2019 年 12 月第 5 次印刷
定　　价 15.80 元

物 料 号 28424-00

编审委员会

主　　审：林志超

审　　委：李重申　王志苏　任景岩　齐荣尊
吴子樱　郑厚成　武孝贤　邹继豪

总 主 编：张瑞林

主　　编：孙国民

副 主 编：靖　桥　杨　龙　王茂仕　于晓东

编写人员（以姓氏笔画排序）：

于晓东（南京信息工程大学）
王茂仕（广东工业大学）
刘文春（南昌大学）
孙国民（南京信息工程大学）
朱丽丽（山东大学）
张瑞林（山东大学）
杨　龙（太原理工大学）
胡伟涛（山东大学）
黄恩洪（武汉工程大学）
靖　桥（河北科技大学）

前言

近些年的体质健康监测表明，我国青少年学生的耐力、力量、速度等体能指标持续下降，视力不良率居高不下，城市超重和肥胖青少年的比例明显增加。青少年的体质健康问题引起了全社会的广泛关注，也引起了党和政府的高度重视。为此，2006 年 12 月 23 日，教育部、国家体育总局和共青团中央联合召开了新中国成立以来的第一次“全国学校体育工作会议”；2007 年 4 月 29 日，教育部、国家体育总局、共青团中央正式启动了“全国亿万青少年学生阳光体育运动”；2007 年 5 月 7 日，中共中央国务院颁发了《关于加强青少年体育 增强青少年体质的意见》（下称《意见》）。《意见》中明确指出：“广大青少年身心健康、体魄强健、意志坚强、充满活力，是一个民族旺盛生命力的体现，是社会文明进步的标志，是国家综合实力的重要方面……要认真落实健康第一的指导思想，把增强学生体质作为学校教育的基本目标之一……全面实施《国家学生体质健康标准》，把健康素质作为评价学生全面健康发展的重要指标。广泛开展‘全国亿万学生阳光体育运动’，鼓励学生走向操场、走进大自然、走到阳光下，形成青少年体育锻炼的热潮。确保学生每天锻炼一小时……”

为了适应新时期国家提出的一系列学校体育改革发展要求，以促进学生体质健康发展为根本目的，在遵循学生生长发育规律和认知规律的基础上，我们对 2005 年版系列教材进行了全面的修订。

本次修订是在遵循第一版“指导思想明确、突出教育功能、围绕健康促进、强调个性发展、彰显文化特色”的编写基础上，进一步强调了系列教材的实用性、针对性等特点。具体体现在：①以“健康第一”思想为指导，统领整个教材编写工作；②以突出学校体育的教育功能为根本，使教材内容呈现鲜明的知识性、系统性、先进性特色；③以促进学生体质健康发展为宗旨，突出教材内容的方法性、实用性，并对增强学生体质内在规律性的认识进行了系统的诠释；④以满足学生的个性需求为原则，使系列教材内容丰富多彩；⑤以适应“阳光体育运动”开展为基本要求，使教材内容能够充分反映课内外有机衔接；⑥以先进的体育文化为引领，使教材内容集知识性、教育性、娱乐性于一体。

在上述思想的指导下，我们具体做了如下修改：

1. 将原第一章内容进行了调整，删除了与学生课内外体育锻炼联系不够紧密的“学校体育与竞技运动”、“营养与健康”、“奥林匹克运动”等内容，并对“健康概述”、“体育锻炼与健康”、“普通高等学校体育教育要求”和“校园体育文化”等部分的内容进行了较大幅度的改动，如增加了高校体育课程、《国家学生体质健康标准》、“阳光体育运动”等内容，使本章内容与高等学校体育课程改革更加贴近，更贴近大学生的生活，更便于学生阅读和掌握。

2. 将原教材第二章、第三章和第四章内容整合为一章，使该部分内容更简练、直观，便于学生理解具体项目对健康的影响和作用。

3. 在技术部分也进行了一定的调整，如调整了部分技术出现的先后顺序，使得技术部分内容更加符合教学实践活动的规律；增加了大量的练习方法，使学生可以根据自身的情况进行选择，为熟悉、熟知和掌握该运动项目提供了有效的途径。

本套教材是普通高等教育“十一五”国家级规划教材，包括《足球》、《篮球》、《排球》、《乒乓球》、《羽毛球》、《网球》、《健美操》、《体育舞蹈》、《健身健美》、《游泳》、《武术》、《散打与女子防身术》、《跆拳道》、《户外运动》、《体育保健与康复》等分册。

在本系列教材的编写过程中，吸收、借鉴了国内外许多专家学者的最新研究成果和出版文献，在出版过程中得到了高等教育出版社体育分社的大力支持和帮助，在此一并表示诚挚的感谢！

由于编写人员水平所限，不妥之处在所难免，敬请读者批评指正！

张瑞林

2009年11月

目录

第一章　体育与健康概述

章前导言

“以人为本、健康第一”是《全国普通高等学校体育课程教学指导纲要》的核心，是体育课程改革的行动指南。然而，如何理解新时期普通高等学校体育教育的目标和功能？如何把握健康的含义？体育与健康有何关系？国家对普通高校体育教育的要求如何？如何深刻认识学校体育的文化含义？本章将围绕这些问题进行系统、全面的阐述。

学习目标

1. 理解健康和亚健康的含义。
2. 认识体育锻炼对健康的促进作用。
3. 了解国家对普通高校体育教育的要求。
4. 探究校园体育文化的精髓。

关键词

健康　阳光体育运动　校园体育文化

第一节　健康概述

随着社会的发展、生产力水平的提高以及人们物质生活的日益丰富，人们的生活方式发生了很大变化，人类正在被激烈的社会竞争和巨大的社会压力所困扰，以致引发了诸多精神紧张和心灵扭曲的病症。诸如此类的现象比比皆是，它们都考验着人类的健康程度，并可能引发人类“现代文明病”的出现。由此也使得人类对健康的追求比以往任何一个时期都迫切和强烈！

一、健康的概念

人是一种既具有生物属性又具有社会属性的高度文明和社会化的高级动物。人从诞生开始，就意识到何谓“生”、何谓“死”，就懂得健康的重要性。因此，健康可以说是人类最基本的要求，也是人类永恒的主题。何谓健康？从古至今，人们对它的解释各不相同。1948 年，世界卫生组织（WHO）在其宪章中给健康下的定义是“健康不仅仅是没有疾病和衰弱的状态，而是一种在身体上、精神上和社会上的完满状态”。而后，世界卫生组织又在 1978 年国际保健大会上通过的《阿拉木图宣言》中重申了健康的含义，指出“健康不仅仅是没有疾病和痛苦，而且包括在身体、心理和社会方面的完好状态”。由此可见，一个人只有在身体和心理上都保持健康的状态，并且有良好的社会适应能力，才称得上真正的健康。

从世界卫生组织对健康概念的表述不难看出，人的健康具有身体、心理和社会三维立体的结构含义，并且三者的同时具备程度决定着人的健康状况。因此，美国学者奥林斯提出了一种三维健康模型，强调从身体、心理和社会三个方面来评价人的生命状态（表 1–1）。

表 1–1　8 种三维健康模型

种类	标志	身体方面	心理方面	社会方面
1	正常健康	健康	健康	健康
2	悲观	健康	不健康	健康
3	社会方面不健康	健康	健康	不健康
4	患疑难病症	健康	不健康	不健康
5	身体不健康	不健康	健康	健康
6	长期受疾病折磨	不健康	不健康	健康
7	乐观	不健康	健康	健康
8	严重疾病	不健康	不健康	健康

资料来源：F. D. 奥林斯 . 健康社会学［M］. 北京：社会科学文献出版社，1992.

鉴于世界各国对健康问题的研究，世界卫生组织在其制订的世界保健大宪章中对“健康”提出了10条准则，进一步丰富了传统意义上健康的内涵。健康的这10条准则是：

（1）精力充沛，能从容不迫地应付日常生活和工作，而不感到过分紧张和疲劳。

（2）处事乐观，态度积极，乐于承担责任，事无巨细，不挑剔。

（3）善于休息，睡眠良好。

（4）应变能力强，能适应外界环境的各种变化。

（5）能够抵御一般性感冒和传染病。

（6）体重适当，身体匀称，站立时头、肩、臀位置协调。

（7）眼睛明亮，反应敏捷，眼睑不发炎。

（8）牙齿清洁，无龋齿，不疼痛，牙龈颜色正常，无出血现象。

（9）头发有光泽，无头屑。

（10）肌肉丰满，皮肤有弹性，走路轻松。

二、亚健康

20世纪80年代，有学者发现，在人的一生中，身体除健康状态和疾病状态外，还存在一种介于两者之间的非健康非疾病的状态，人们将其称为“亚健康”状态（图1-1），也称为灰色状态、病前状态、亚临床期或潜病期等。人体处于亚健康状态虽然机体尚无临床症状或器质性病变，但机体的生理功能已经开始下降，如自感体力下降，反应能力降低，精神状态欠佳，免疫能力低下，自我已有程度不同的不舒服的症状，此时具有发生各类疾病的危险。

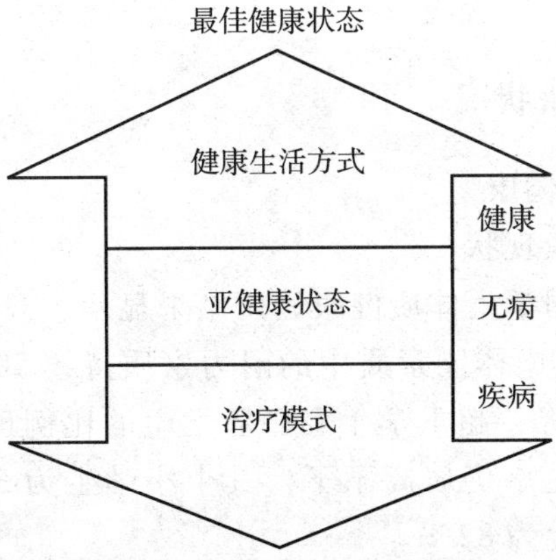

图1-1　健康、死亡连续统一体

亚健康状态既可以向健康状态转化，也可以向疾病状态转化。亚健康状态向健康状态转化，取决于自我保健的措施和自身的免疫能力，而向疾病状态转化是亚健康状态的自发过程。因此，通过体育锻炼，提高自身的免疫力水平和身体的各项机能，是摆脱亚健康状态最有效的方法。

知识链接 1-1

三种健康状态

• 健康状态：经临床检查无疾病，主观又无虚弱和不适的感觉；精力充沛，工作、学习、处事及社交均处于自我感觉较为满意的状态。

• 亚健康状态：虽然没有疾病，但主观感觉虚弱和诸多不适；日常精神欠佳，机体活力降低；反应能力减退，工作效率降低；为人处世较差，适应能力降低；同时又无疾病的客观依据。

• 疾病状态：按国际疾病分类标准确定疾病，并根据病情和病程确定疾病状态。

知识链接 1-2

亚健康状态的成因与消除

• 成因：亚健康状态与遗传基因、严重的环境污染、紧张的生活节奏、过重的心理压力、不良的生活习惯、超负荷工作带来的疲劳、长期患病或经历过手术治疗等因素有关。

• 消除措施：改正不良生活习惯、调整个人心理状态、提高应变能力、消除疲劳、加强体育锻炼、适当服用保健品等。

三、大学生的健康状况

（一）大学生身体健康

1. 大学生身体健康现状

2005 年第五次全国学生体质健康调研结果显示：我国学生的肺活量水平、体能素质持续下降，其中体能素质中的耐力素质持续 20 年下降，速度素质和力量素质连续 10 年下降；超重学生和肥胖学生的比例迅速增加，其中城市男生已达 24%；视力不良率仍居高不下，其中小学生为 31%、初中生为 58%、高中生为 65%、大学生为 82%。

造成上述情况的原因有很多，但是大致可以归结为以下几个主要方面：

（1）学校体育的本质功能没有被充分认识，导致学校体育的指导思想不完善。

(2) 混淆了学校体育与竞技体育的本质区别及其联系。

(3) 体育课程改革有待进一步深化。

(4) 学校全民健身服务体系尚未形成。

(5) 学生课业负担重、锻炼时间少，且未养成良好的锻炼习惯。

(6) 学校体育场地、器材、设施欠缺，体育活动的内容与形式都不够丰富。

大学生身体素质的全面提高问题，引起了中央领导和全社会的极大关注。要提高大学生的身体健康水平，学校体育教育应从以下几个方面落实好各项工作：

(1) 高校体育教育要树立“健康第一”的指导思想。

(2) 构建科学的体育课程体系。

(3) 推动学生课外体育锻炼的开展。

(4) 提高体育师资队伍的素质和水平。

(5) 完善学校运动训练和竞赛体系。

2. 大学生体质健康测试

教育部、国家体育总局根据《学生体质健康标准》试行5年来的实际情况和调研中所发现的问题，对《学生体质健康标准》进行了修订和完善，并定名为《国家学生体质健康标准》(下称《标准》)，于2007年正式颁布实施。《标准》的颁布实施，对于加强素质教育，提高我国青少年体质健康水平必将发挥积极的作用，产生深远的影响。

《标准》从身体形态、身体机能、身体素质和运动能力等方面综合评定学生的体质健康水平，并把学生分为6个组别，其中大学生单独列为一组。《标准》还对测试项目、评价标准等作了明确的规定（附录一）。本章第三节将对体质测试进行详细介绍。

知识链接 1-3

运动处方

运动处方是康复医师、教练员或体育教师及社会体育健身指导员等，针对从事体育锻炼者或病人，根据医学检查资料，按其健康、体力以及心血管功能状况，结合生活环境和运动爱好等个体特点，用处方的形式规定适当的运动种类、强度、时间及频率，并指出运动中的注意事项，以指导其有计划地、科学地经常性锻炼，达到健身、消除疲劳或治病的目的。

制订运动处方应遵循个体化原则、安全有效原则、可行性原则、循序渐进原则和全面性原则。

一个完整的运动处方一般包括以下内容：运动目的、运动种类、运动强度、运动时间、运动的时间带、运动频率及注意事项等。

1. 运动目的

由于处方对象的性别、年龄、身体状况的不同，其运动目的也不同。目的有强身健体、疾病防治、减肥健美、娱乐休闲及提高专门运动成绩等。

2. 运动种类

根据体育运动参加者的目的不同，可选择有针对性的运动项目。为了健身、保持体重及改善心脏功能和代谢，或者为了预防疾病，宜选择以有氧代谢为主的步行、慢跑、游泳、自行车、划船等耐力性运动项目；为了增强肌肉力量和肢体活动能力，宜选择力量性运动项目；为了松弛精神、消除疲劳、预防高血压和神经衰弱，可选择太极拳、五禽戏、散步和放松体操等伸展运动项目。

3. 运动强度

适宜运动强度的范围可以用靶心率来控制，靶心率 =（220 − 年龄）×（70% ~85%）。也可以计算出最适宜运动的心率。其计算方法如下：

最大心率 = 220 − 年龄　　心率储备 = 最大心率 − 安静心率

最适宜运动心率 = 心率储备 ×75% + 安静心率

或者是通过简易的计算方法：靶心率 = 180（或170）− 年龄

4. 运动时间

运动时间是每次运动所持续的时间，即达到运动处方所要求运动负荷的时间。

5. 运动的时间带

运动的时间带是指一天中应在什么时候运动。应根据人的生物节律周期及日节律来合理安排运动的时间带。

6. 运动频率

运动频率是指每周运动的次数。运动间隔时间过长或过短，都会影响运动处方的效果。一般采用隔日锻炼一次，这样可以给机体充分的休息调整时间，使其做到“超量恢复”，从而使处方效果显著。

7. 注意事项

为了保证安全，要根据处方实施者的具体情况，提出锻炼时的注意事项。

大学生运动处方示例：减肥的运动处方

姓名：A　性别：女　年龄：20 岁　职业：学生　体育爱好：羽毛球

健康检查：良好，身高1.55米，体重60千克，体脂中度超重

病史：无

运动负荷测定：台阶实验，安静心率79次/分钟，血压75/115毫米汞柱，肺活量2 800毫升

体能测定：力量——仰卧起坐25个/分钟，耐力——800米跑4分5秒

体质评定：健康状况，良；体重过重，心肺功能稍差

运动目的：减肥和健身

运动项目：羽毛球、健身跑、健美操、篮球等

运动强度：由小逐渐加大，心率在靶心率范围（140～170次/分钟）

运动时间：12周（减少体重3～5千克），每次30～60分钟

运动频度：4～5次/周

注意事项：适当控制饮食，减少糖类、油脂的摄入，可吃一定的蔬菜、水果，有病（如发热），应停止运动

自我监督：心率

处方者：

年　月　日

（二）大学生心理健康

1. 大学生心理健康的现状

近年来，大学生作为一个特殊的群体，其心理健康问题日益受到人们的重视。当前，我国正处于向社会主义市场经济过渡的关键时期，社会经济体制的变革必然对原有的社会文化及道德体系造成一定的冲击。大学生一方面要面对大学学习、生活的压力，另一方面又要面对社会上各种多变的思潮和价值观念。理想与现实的反差，期望与能力的冲突，使他们感到困惑和无所适从。有研究表明，在具有心理疾病的大学生中，男生多表现为偏执、精神病性和敌对；女生多表现为恐惧、抑郁、焦虑和人际关系敏感。

影响大学生心理健康的原因是多方面的，包括社会、家庭、学校等各个方面。对大学生个人而言，以下4个方面是影响大学生心理健康的主要原因：

（1）适应环境问题。

（2）爱情、婚姻、择业问题。

（3）网络沉迷问题。

（4）观念面临挑战问题。

现阶段，针对大学生的心理健康问题，有关专家、学者进行了大量的研

究，给出了比较系统的解决方案，认为高校要提高大学生的心理健康水平应从以下几个方面着手：

（1）加强心理健康教育的师资队伍建设。

（2）开设心理健康教育课。

（3）开展心理咨询与心理辅导。

（4）构建大学生心理健康教育课程体系。

（5）加强校园科技文化建设。

（6）培养学生自我心理调节的能力。

2. 大学生的心理测试

大学生良好心理素质的培养与心理健康教育不仅关系到社会主义高等教育能否培养出身心健康、人格健全、全面发展、适应社会主义市场经济要求、能适应新世纪挑战的新型人才，而且关系到全民族素质的提高。目前许多高校正致力于大学生心理健康的辅导，许多高校针对大学生的心理健康状况采取了问卷调查和开设心理学讲座的形式，学生在入学时要填写调查问卷，学校为学生建立心理健康档案，并在学业期间针对学生出现的较为普遍的心理问题开设专门的心理健康讲座。现在，几乎所有高校都设有心理咨询室，学生可以针对遇到的心理困惑进行免费的咨询。

虽然国内外关于心理健康的调查问卷比比皆是，但是对大学生而言，使用起来各自有着不同的优点和弊端。由于思维方式、成长环境以及传统文化的不同，在引入国外量表时就存在是否“适用”的问题。而我国专门针对大学生设计的心理量表尚需要经过长期实践的检验，在确立其信度和效度达到要求的情况下，方可公开使用。针对这样的现状，本书引入了世界上最著名的心理健康测试量表——《症状自评量表 SCL-90》（附录二），以方便大学生参照。

（三）大学生社会适应能力

1. 大学生社会适应能力的现状

社会适应能力反映在与周围环境具有积极、稳定的双向作用，既包括个体的主动适应，又要求与周围环境相协调，前者即个体执行社会角色的能力，后者体现在和谐的人际关系和充分的社会支持上。

从大学生群体社会适应能力的总体表现出发，我国大学生的社会适应能力现状整体呈良性发展趋势，个体能在个体环境、集体环境及社会环境中表现出和睦相处的愿望、良好的人际关系、良好的道德情操、积极向上的社会责任感。但同时也有部分学生的社会参与意识不强，环境适应能力弱，不能胜任多角色的变换，服务社会的意识淡薄，在社会活动中处于从属的地位，难以坚持原则等。大学生所表现的社会适应能力状况是与其从不成熟走向成熟的心路历程息息相关的。在改善大学生社会适应能力状况时，应针对其年龄特征和心理特征循循善诱，因势利导，而不应采取强硬的态度和措施。

2. 大学生社会适应测试

虽然近年来社会适应能力的好坏逐渐成为人们关注的焦点，但是专门针对大学生社会适应能力测试的量表却并不多见，这与长期以来社会适应能力没有很好地从心理健康问题中分离出来是有很大关系的。在很多心理量表中，都包含着社会适应能力的测试因子。加强大学生社会适应能力的评价工作，需要当今的社会学专家、心理学专家以及全社会的共同努力。本书引入了郑日昌先生的《大学生社会适应测试量表》（附录三），以方便大学生进行自我测试。

知识链接 1–4

由于心理测试和社会适应能力测试是通过一些间接指标来反映实际的心理状况和社会适应能力状况的，受测试者当时身体健康状态、情绪等多方面的影响，所以测试结果是需要客观对待的。尤其是当测试结果不理想时，一方面要积极对待测试的结果，因为未必测试结果就是准确的；另一方面要积极地与相关心理学专业人员进行沟通，在专业人员的帮助下，积极地调整状态。一个心理问题或社会适应问题的解决就如经历了一场感冒一样，问题解决后，你会发现：健康原来如此重要！

第二节　体育锻炼与健康

根据世界卫生组织对健康的定义，从一个人的健康与否需要从身体、心理和社会适应能力三个方面予以综合评价。人类健康受多种因素的影响，主要包括遗传、营养、体育锻炼、生活环境、教育状况、卫生条件等几个方面。体育虽然不是达到健康目的的唯一途径，但却对健康有着极为重要的促进作用。

一、体育锻炼对身体健康的促进作用

体育锻炼对身体健康的促进作用表现在对人体形态和机能的影响。一定时间和量的体育锻炼可以在一定程度上提高神经系统的调节作用，使机体各器官、系统之间的配合更加协调、工作效率更高，抵御外界侵扰的能力增强等。这些内在机能的改变将直接导致人体骨骼、肌肉、皮肤等的改变：通过体育锻炼可以使肌肉体积增大、骨骼更加粗壮、皮肤更加红润，使人体格健壮、精力充沛，从而从容不迫地应对生活、学习和工作中的各项身体活动和压力。

二、体育锻炼对心理健康的促进作用

体育锻炼对身体健康的促进作用已成为不争的事实，人作为一个身心统一的个体，身体健康与心理健康是相互促进、相互影响的，体育锻炼作为一种有效增进身体健康的手段，在促进身体健康的同时，也对心理健康起着良好的调节与促进作用。体育锻炼对心理健康的促进作用主要表现在发展智力、改善情绪状态、促进良好自我概念的确立、培养坚强的意志品质、缓解心理压力等方面。另外，随着人们对运动处方的研究，体育锻炼在作为心理疾病的医疗辅助手段上，正发挥着积极的保健康复作用。

知识链接 1-5

如何科学地选择适合调节心理问题的运动项目

对于存在不同程度心理问题的个别学生而言，需要有针对性地选择锻炼的项目。有些项目的对抗比较激烈，如果个体焦虑水平比较高，情绪容易烦躁，这时应选择比较舒缓的运动项目进行锻炼，从而达到降低焦虑水平、提高心理调适能力的目的，如太极拳、慢跑等；而有抑郁的倾向的人，在选择运动项目时，可选择单位时间内强度较大的项目，以达到提高神经系统的兴奋性，调动身体的活力，进而发展积极情绪的目的，如健美操、篮球、排球、羽毛球等。

知识链接 1-6

促进心理健康的途径

- 选择有利于克服心理障碍的健身形式。
- 提高自己人际交往的能力，增强自己的社会适应性。
- 建立知足常乐的人生观。
- 培养多方面的兴趣和积极的情趣。
- 激发自己的非智力因素，尝试创造性的学习和工作。

三、体育锻炼对社会适应能力的促进作用

社会适应能力与身体健康和心理健康密切相关，尤其与后者关联度更高。体育锻炼对社会适应能力的影响主要表现在促进人的竞争与协作意识的发展、培养公平公正的价值观和个体适应社会角色的能力、培养建立良好人际关系的能力、提高人们对现代快节奏生活的适应能力等方面。

知识链接 1-7

如何在体育运动中提高大学生的社会适应能力

- 养成尊重生命的观念，丰富体育生活。
- 提高健康意识，形成健康理念。
- 练就良好的体能，发展运动技能。
- 培养增进人际关系与互动的能力。
- 培养社会责任感。
- 培养积极向上的意识，建立公平竞争的环境。
- 培养合作精神，提高团队凝聚力。

资料来源：蔡丽萍，杜欣．体育运动对提高大学生社会适应能力的作用［J］．中国环境管理干部学院学报，2006，16（2）：121-122．

第三节　普通高校体育教育要求

一、高校体育课程

中共中央、国务院于1999年6月发出的《中共中央国务院关于深化教育改革全面推进素质教育的决定》明确指出："健康体魄是青少年为祖国和人民服务的基本前提，是中华民族旺盛生命力的体现。学校教育要树立'健康第一'的指导思想，切实加强学校体育工作。"在这一思想的指导下，教育部2002年制定颁发了《全国普通高等学校体育课程教学指导纲要》（以下简称《纲要》），并制定了普通高等学校体育课程目标，要求学生通过体育课程的学习，在以下几方面得到发展：

第一，增强体能，掌握和运用基本的体育与健康知识和运动技能；

第二，培养运动的兴趣和爱好，形成坚持锻炼的习惯；

第三，具有良好的心理品质，表现出人际交往的能力与吃苦精神；

第四，提高对个人健康和群体健康的责任感，养成健康的生活方式；

第五，发扬体育精神，形成积极进取、乐观开朗的生活态度。

《纲要》要求学生通过体育课程的学习，不但要在体能、体育与健康知识和运动技能等方面有所收获，而且要使学生形成坚持体育锻炼的习惯和健康的生活方式，并具有积极进取、乐观开朗的生活态度。

知识链接 1-8

国外体育课程的目标

新西兰：①形成维持和提高个人健康和身体发展的知识、理解、技能和态度；②通过发展运动技能，获得有关的知识和理解，形成对身体活动的积极态度；③提高能改善人际关系的技能和态度；④采取积极、负责的行动，参与健康的社区和环境的创新。

美国加州：①发展学生的各种动作技能以及与闲暇活动技能有关的能力；②逐步理解健康生活习惯的重要性；③逐步获取有关游戏和运动的规则和策略；④通过体育和娱乐计划，提高学生的自信和自我价值感。

英国：①获得和发展技能；②评价和改进活动；③获得体能和健康的知识和理解。

《纲要》又具体地提出了学生通过体育课程学习在运动参与范围内、运动技能范围内、身体健康范围内、心理健康范围内、社会适应范围内应达到的要求：

第一，在运动参与范围内应达到：具有积极参与体育活动的态度和行为，用科学的方法参与体育活动。

第二，在运动技能范围内应达到：获得运动基础知识，学习和应用运动技能；安全地进行体育活动；获得野外活动的基本技能。

第三，在身体健康范围内应达到：形成正确的身体姿势；发展体能；具有关注身体和健康的意识；懂得营养、环境和不良行为对身体健康的影响。

第四，在心理健康范围内应达到：了解体育活动对心理健康的作用，认识身心发展的关系；正确了解体育活动与自尊、自信的关系；学会通过体育活动等方法调控情绪；形成克服困难的坚强意志品质。

第五，在社会适应范围内应达到：建立和谐的人际关系，具备良好的合作精神和体育道德；学会在现代社会中获取体育知识与健康知识的方法。

二、体质测试

为贯彻落实“健康第一”的指导思想，切实加强学校体育工作，促进学生积极参加体育锻炼，养成良好的锻炼习惯，提高体质健康水平，并结合新时代的实际情况和要求，教育部于 2007 年对 2002 年颁布的《学生体质健康标准（试行方案）》进一步作了改革，颁布了《国家学生体质健康标准》。

（一）体质测试的项目

《标准》从身体形态、身体机能、身体素质和运动能力 4 个方面综合评定学生的体质健康状况。该标准大学为 1 组，大学测试项目为 5 类，身高、体重、肺活量为必测项目，其他 3 类测试项目各选测 1 项，大学生评价指标与分值见表 1–2。

表 1–2 《国家学生体质健康标准》大学生测试项目与分值

指标	测试项目	分值	备注
身体形态	身高标准体重	10	必测
身体机能	肺活量体重指数	20	必测
	1 000 m 跑（男）/800 m 跑（女）、台阶试验	30	选测一项
身体素质	坐位体前屈、仰卧起坐（女）/引体向上（男）、掷实心球、握力体重指数	20	选测一项
运动能力	50 m 跑、立定跳远、跳绳、篮球运球、足球运球、排球垫球	20	选测一项

（二）评分标准

各评价指标的得分之和为大学生体质健康标准的最后得分，满分为 100 分。根据最后得分评定等级：90 分及以上为优秀，75 ~ 89 分为良好，60 ~ 74 分为及格，59 分及以下为不及格。学生体质健康标准成绩每学年评定 1 次，按评定等级计入《国家学生体质健康标准登记卡》。

三、阳光体育运动

大学生是 21 世纪我国社会主义现代化建设事业的主要力量，他们的身体健康状况如何，直接关系到我国社会主义现代化战略目标能否实现，关系到中华民族的生命力。提高大学生的健康水平，培养他们的健康体格，是一项基础性工程，是普通高校推进素质教育义不容辞的责任。大学生身体健康状况关系其今后发展，决定着个体的顺利成长和成才，也关系着民族的未来与希望。

1985—2005 年先后 5 次全国学生体质健康调研的结果引起了国家领导和全社会的极大关注。2006 年 12 月 23 日，在国务委员陈至立同志的亲自安排和领导下，教育部、国家体育总局和共青团中央在北京联合召开了新中国成立以来的第一次“全国学校体育工作会议”，会议的主题是“关注亿万青少年学生身体健康”。教育部、国家体育总局、共青团中央于当日联合发出了《关于开展全国亿万学生阳光体育运动的通知》（下称《通知》）。《通知》指出：要进一步提高对体育的认识。在各级各类学校中形成全员参与的群众性体育锻炼的良好风气；要以“达标争优、强健体魄”为目标，用 3 年时间，使 85% 以上的学校能全面实施《标准》，使 85% 以上的学生能做到每天锻炼 1 小时，达到《标准》及格等级以上，掌握至少两项日常锻炼的体育技能，形成良好的体育锻炼习惯，体质健康水平切实得到提高；要以全面实施《标准》为基础，建立和完善标准的测试结果记录体系，并作为毕业升学的重要依据；要与体育课教学相结合，确保开足、上好体育课，保证学生每天一小时的锻炼时间；要与课外体育活动相结合，大力推行大课间体育活动，不断丰富学生课外体育活动的形式和内容；要营造良好的舆论氛围，通过宣传，使“健康第一”、“达标争优、强健体魄”、“每天锻炼一小时，健康工作五十年，幸福生活一辈子”的口号家喻户晓，深入人心；要加强组织领导。①

2007 年 1 月 7 日，胡锦涛总书记针对现在我国青少年学生的身体健康问题作了重要批示，希望教育部、国家体育总局拿出具体可行的对策和方案。全国各省市、自治区、直辖市围绕落实胡总书记和学校体育工作会议的精神，积极研究制订适合本地区的有关方案。2007 年 4 月 29 日，教育部、国家体育总局、共青团中央、北京市政府在北京朝阳公园举办了“全国亿万青少年学生阳光体育运动”现场启动仪式，随着中共中央政治局常委李长春同志宣布“全国亿万学生阳光体育运动正式启动”，面向全国各级各类学校全体学生的一项大型群众性体育活动拉开了序幕。

2007 年 5 月 7 日《中共中央国务院关于加强青少年体育　增强青少年体质的意见》（下称《意见》）（中发［2007］7 号）的颁布与实施，标志着国家将关注广大青少年身体健康的重大战略性举措纳入了人才强国战略具体的操作内容之中。《意见》不仅规定了新时期学校体育工作落实科学发展观的原则和方向，而且，也为促进青少年学生体质健康发展提供了政策保障。《意见》的发布是在和谐社会建设过程中，学校体育教育落实以人为本、促进人的全面发展的重要体现，是指导学校体育改革的纲领性文件。

2007 年 6 月 14—15 日，教育部在山东大学召开了教育部直属高校体育工作会议。会议围绕学习、贯彻《意见》和全国学校体育工作会议精神，研究落实全国亿万学生阳光体育运动和《标准》的实施工作，动员教育部直属高等学校加强学生体育工作，促进学生健康成长。

2008 年，教育部、国家体育总局、共青团中央在 2007 年成功举办“阳光体育与奥运同行冬季长跑活动”的基础上，共同下发了《全国亿万学生阳光体育冬季长跑活动的通知》（下称《通知》），要求各级教育行政部门要将冬季长跑活动纳入工作计划，广泛发动、认真组织、具体指导，尽最大可能提高冬

---

① 教育部，国家体育总局，共青团中央. 关于开展全国亿万学生阳光体育运动的通知［Z］. 教体艺［2006］6 号.

季长跑活动在本地区学校开展的普及率，并要求各级各类学校把冬季长跑活动纳入日常教育教学计划之中，将冬季长跑活动与体育课、早操、大课间体育活动和课外体育活动有机结合，制订操作性强的实施方案，组织、指导并带动广大学生积极参加冬季长跑活动。

《通知》规定：从2008年10月26日开始，学生要在学校里参加为期半年的冬季长跑活动。按要求，每个学生每天长跑距离基数大致为：小学生1 000米，中学生1 500米，高中生及大学生2 000米。全国各高校响应教育部的号召，积极做好宣传、报道工作，营造良好的活动氛围，并认真组织本校冬季长跑活动起跑仪式，促进全社会关注和支持冬季长跑活动。

知识链接1-9

冬季长跑对大学生的裨益

冬季长跑不仅能增强学生体质和耐寒能力，促进肌肉、骨骼、神经系统和器官的健康发育，而且还能磨炼学生的意志力、坚持力、自制力、进取心以及自觉性等，大学生也可以很好地利用冬季长跑的方式，调适不良的情绪状态、缓解心理压力。从这一层面来说，冬季长跑对于维护大学生身心健康是大有裨益的，能使大学生活更富阳光、更为精彩。

2009年5月14日，教育部部长周济在全国亿万学生阳光体育运动推进会上提出，要大力推动国家学生体质健康标准，大力开展群众性校园体育活动，以新的高度、新的思路和新的举措抓好学校体育工作，要以爱与责任，扎扎实实地推进阳光体育运动，并再次强调在每所校园喊响“每天锻炼一小时，健康工作五十年，幸福生活一辈子”的口号。

第四节　校园体育文化

校园文化对生活、工作、学习在校园的全体师生而言是一个古老而又新鲜的话题。它作为一种客观存在，与校园相伴而生，如影随形，呈现方式千姿百态。校园文化包括学校在长期的办学实践中形成的培养目标、办学传统、校风、学风，校园的活动风格，师生的行为方式及其背后的价值观念等，它是校园内的微观文化，也是整个社会文化系统中的亚文化形态。校园文化是一个内容丰富、层次清晰、立体化的有机整体。作为这个整体重要组成部分的校园体育文化是促进校园文化发展的重要方面。同时，它又是内涵深刻和外延丰富的一种独特的文化现象，对于加强学校精神文明建设、提高校园文化质量、全面推进素质教育和全民健身计划的落实以及培养师生的终身体育意识都具有十分重要的意义。

一、校园体育文化的含义

校园体育文化是学校全体师生员工在长期的办学活动和体育活动中所形成的体育活动方式以及所创造的体育精神财富和物质财富，它是身体教育智慧和身体练习实践能力的总和。校园体育文化是一种管理文化、教育文化和组织文化。

（一）校园体育文化是一种管理文化

学校体育工作的目标是为学校的总体发展目标服务的。要实现学校体育的工作目标，必然要充分调动学校领导、教师和学生的积极性，充分依靠管理的计划、组织、领导、控制等职能，充分利用学校现有的体育人力、物力、财力等资源。

（二）校园体育文化是一种教育文化

高等学校是培养高素质创新型专业人才的基地，学校体育是学校教育的重要组成部分，所以，校园体育文化活动必须反映出学校的价值观、道德规范和行为规范。在实施过程中，必须科学设计学校体育教学活动和群体活动，否则，就不能生成具有学校特征的体育文化。

（三）校园体育文化是一种组织文化

为了实现校园的体育工作目标，学校必须建立分工明确、制度到位的体育工作组织。这一组织除了有组织原则、组织结构、组织过程及必要的规章制度之外，更重要的是要有校园体育文化，使学校体育组织有一个共同的群体意识及行为准则，以营造和谐的人际关系，形成团结、互助、融洽的组织气氛。

二、校园体育文化的要素和结构

（一）校园体育文化的要素

一般文化要素包括心理、行为、物质三个不同的层面。校园体育文化也不例外，校园体育文化的心理要素，也就是校园体育文化的精神、观念层面，也称为精神文化；校园体育文化的行为要素，也就是校园体育文化的行为方式、制度规范层面，也称为行为制度文化；校园体育文化的物质要素，也就是校园体育文化的物质层面，也称为物质文化，包括凝结校园体育文化的各种物质财富。对校园体育文化而言，物质文化是其最外表的层面，行为制度文化次之，精神文化是内核。

（二）校园体育文化的结构

1. 精神层面

精神层面主要指学校师生共同形成的体育信念、价值标准、道德风尚和精神风貌，这是校园体育文化的核心和灵魂，是形成校园体育文化的制度层面和物质层面的前提和根源。校园体育文化中有无精神层面或精神层面的优劣，是衡量一所学校能否坚持社会主义的办学方向，能否培养德、智、体、美全面发展的高素质创新人才的标志和标准。

2. 制度层面

制度层面主要指对学校师生和学校体育组织产生规范性、约束性影响的部分，它集中体现了校园体育文化的精神层面和物质层面对个体行为和群体行为的要求。制度层面主要是规定了学校成员在体育教学及其他群体活动中所应遵循的行为准则。例如，《国家学生体质健康标准》实施制度、体育课程教学计划设置制度和考评制度、“三好学生”和“奖学金”评定制度中对体育的要求规定等。

3. 物质层面

物质层面是校园体育文化的表层部分，是形成精神层面和制度层面的条件，从物质层面中往往可以折射出学校体育的价值观念，德、智、体、美全面发展的高素质创新人才培养的人才培养观念等，它是校园体育文化的物质载体和凝聚体。例如，学校体育场馆设施的建设状况、学校体育经费的投入情况、学校体育活动的档次和规模等。

三、校园体育文化的特点

校园体育文化作为校园文化的重要组成部分，在促进学生素质教育和精神文明建设等方面具有特殊的地位和作用，具有深刻内涵、丰富外延和时代性、开放性、竞争性、方向性等特点。

（一）时代性

任何文化都是时代的产物，都在一定程度上反映时代本质的特征，同时又随着时代的发展、前进而不断地演化自己的形态。在校园体育文化的形成和发展中，内容与形式都受到一定时代的政治体制、经济体制、教育体制以及社会结构、文化风尚等制约。校园体育文化作为校园文化的一部分，其内容与形式也受到一定的政治体制、经济体制、教育体制、社会结构和文化风尚等方面的制约，反过来它又为一定的政治、经济服务。例如，20 世纪 50 年代我国倡导全民健身、贯彻劳卫制、在校学生的体育成绩要达到等级运动员的标准；60 年代中期至 70 年代末期的“文化大革命”，体育几乎处于瘫痪状态；80 年代学习女排热；80 年代末至 90 年代初又掀起足球热。而当今的全民健身计划活动，每一次活动，都深深地影响学校，甚至成为那个特定的时代校园体育文化的主旋律。总之，时代的体育精神特点感染校园体育文化，校园体育文化反映着时代的体育风貌。①

（二）开放性

校园体育文化是一个开放的体系，广大师生的积极参与决定了它具有其他社团不可替代的作用。通过学校之间、院系之间、学校与社会之间频繁而广泛的、以体育为内容的交流接触，开阔了学生的视野，加深了学生对社会的了解和认识。另外，学校的体育竞赛，通过各种形式和媒体向社会展示了学校的综合实力、办学水准和精神文明建设的成就，不仅树立了学校良好的社会形象，而且对家庭体育、社区体育和整个社会体育的内容、形式和风气产生直接或间接的影响，对全社会的文明素质产生一定的积极意义。

（三）竞争性

竞争是体育运动的灵魂，也是校园体育文化的核心内容和精髓所在，没有竞争就不可能有发展和进步。不断创新、变革、竞争是现代体育的主要特点，校园体育作为现代体育的一部分也具有竞争的特点。

（四）方向性

高等教育的目标是培养德、智、体、美全面发展的有理想、有道德、有文化、守纪律、适应社会发展的高层次人才，这就决定了高校校园体育文化必须服从和服务于这个目标。高校体育必须按高等教育培养合格人才的需求去建设校园体育文化，提倡科学、健康、文明的体育活动，开展高品位的校园体育文化，引导学生从自身的特点出发，大胆地开展校园体育活动，让他们有自我表现、自我教育、自我管理、自我提高的场所和体验。同时，激发大学生科学地进行体育健身，树立正确的人生观、道德观，弘扬爱国主义精神，使校园体育文化朝着健康、文明、正确的轨道发展。②

四、校园体育文化的功能

校园体育文化作为一种特殊的社会文化，是学校在长期的教学实践过程中逐步形成的，更是在广大师生直接参与和精心培养下发展起来的。它对改善学生的智能结构，加强学校与社会的交往，传承人类社会的文明，提高学生的积极性、主动性和创造性，促进教育改革的深入发展具有特殊的地位和作用。

（一）育人功能

校园体育文化担负着育人的责任。丰富多彩、健康活跃的校园体育文化有促进学生的体育知识、体育技术、体育技能的学习，扩大学生的知识领域，锻

---

① 马万凤，徐金华，夏小平．等．试论高校校园体育文化的特征及其功能［J］．北京体育大学报，2003，26（4）：508-510.

② 蔡云．高校校园体育文化的特点与建设初探［J］．山东体育科技，2004，26（3）：78-79.

炼学生身体素质、身体机能、身体能力、自我锻炼能力及独立思考能力的作用，为学生个性充分展现创造了理想的环境和条件，有利于增强学生的自信心和社会活动能力。

（二）健身功能

学校体育运动不仅能改善和提高学生中枢神经系统的工作能力，而且能保持学生清晰的思维和良好的记忆能力。大学生处在身体发育的较为关键时期，在体育锻炼的过程中，血液循环加快，心脏功能提高，可以使呼吸系统功能得到改善，促进骨骼、肌肉生长发育。

（三）娱乐功能

在校园里，繁忙的教学工作、紧张的学习，使师生感到焦虑和疲劳，而放松情绪、消除疲劳的方法莫过于校园体育活动，它可以使人们在身心上得到娱乐。丰富的校园体育文化内容，不管是竞技项目还是休闲项目，普遍都带有浓厚的娱乐色彩，这正迎合了师生的生理、心理特点和文化的需要。在这些活动中，可以使师生暂时忘掉工作和学习的烦恼，缓解焦虑和紧张的心理，获得精神的愉悦与自由，保持乐观情绪。通过活动的氛围还能达到陶冶情操、净化心灵、享受生活乐趣的目的，有利于人们身心和谐、健康地发展。①

思考题

1. 健康的含义是什么？
2. 体育锻炼怎样促进大学生的健康？
3. 体育教育与健康教育的关系？
4. 国家对普通高校体育教育的要求有哪些？
5. 如何营造积极的校园体育文化？
6. 校园体育文化有哪些特点？
7. 校园体育文化的功能表现在哪几个方面？

---

① 周野. 校园体育文化探析［J］. 科技信息，2007（32）：41.

第二章　排球运动与健康

章前导言

排球运动作为世界三大球类项目之一，是一项技术全面、高度技巧性、群众普及性高的运动项目。排球运动具有竞技性与娱乐性并存的特点，不同年龄、不同性别、不同技术水平和不同体质状况的人都能够参与适合各自状况的排球活动。通过排球练习可以提高练习者的身体机能，改善其心理状态，提高其社会适应能力。通过对本章内容的学习，使学生学会通过排球运动达到健身的练习方法，知道如何在排球锻炼中预防和缓解心理疾病以提高心理健康水平，以及懂得如何利用排球锻炼来培养自己的社会适应能力。

学习目标

1. 明确排球锻炼的价值和意义。
2. 了解排球锻炼对各项身体素质的影响。
3. 掌握常见的能增进各项身体素质的排球锻炼的练习方法。
4. 了解排球锻炼对锻炼者心理的影响。
5. 了解如何通过排球锻炼来培养锻炼者的社会适应能力。

关键词

排球运动　身体健康　心理健康　社会适应能力

第一节　排球运动与身体健康

一、排球运动的特点

排球运动是一项对人体素质要求比较全面的项目，要求练习者不仅要具有爆发力和柔韧性，还要有一定的灵敏性和耐力，以保证正确、顺利地完成技术动作。排球运动作为三大球类中唯一一项隔网对抗的项目有其独特的特点：

（一）形式的多样性和参与的广泛性

排球运动所需的场地设备比较简单，可设在室内，亦可设在室外。参加人数可多可少，运动负荷可大可小，适合于不同年龄、性别、体质和训练程度的人。

（二）技术的全面性和高度的技巧性

排球比赛中，场上任何位置上的队员都要积极参与防守和进攻，在正式的比赛中，规则还要求队员轮转位置，因此，每个队员都有必要全面地掌握各项攻、防的技、战术。排球比赛规则规定比赛中球不能落地、队员必须将球击出而不能持球、同一名队员不得连续两次击球以及每队最多击球三次等，因此，排球技术具有高度的技巧性。

（三）激烈的对抗性和严密的集体性

排球比赛中双方的攻防转换始终是在激烈的对抗中进行的，其对抗的焦点主要集中在网上的扣球与拦网之间。一分球的争夺往往要经过七八个回合。水平越高的比赛，对抗和争夺越激烈。比赛双方利用合法击球机会，精心设计和巧妙配合，在瞬间完成激烈的攻防转换和完美的战术组合，体现了严密的集体性。

（四）轻松的娱乐性和高雅的休闲性

排球运动的形式多样，可隔网相争，亦可围圈娱乐。只要有一片场地，尽可享受排球的无尽乐趣。排球竞赛为身体的间接对抗，不会有身体冲撞，是人们理想的健身休闲方式。

二、排球运动对身体健康的影响

参加排球运动不仅能提高个体的力量、速度、灵活、耐力、反应等身体素质和运动能力，改善身体各器官、系统的机能状况，还能培养个体机智、果断、沉着、冷静的心理素质，同时也是一种建设精神文明的良好手段。通过排球比赛和训练，可以培养队员团结战斗的集体主义精神以及胜不骄、败不馁，勇敢顽强，克服困难，坚持到底的意志品质。

身体素质是人体各器官系统和代谢功能在运动时的综合反映。在影响人体健康的众多因素中，心肺功能起着重要作用，因为它决定人体氧气的供应，氧气从体外进入体内直至被人体生命活动所利用，必须由心肺系统来完成。良好的身体素质是身体健康的一个重要因素，身体素质也是掌握运动技术，提高运动能力的重要基础，因此，在不同运动项目的练习过程中，要逐渐改善与专项有关的身体素质。身体素质与专项运动能力相互制约、相互促进。

（一）排球运动对心肺功能的影响

耐力素质反映人体进行长时间运动的能力。心肺耐力是指心、肺和血管为肌肉运送氧气，利用氧气产生能量的能力。定期做一定量的有氧运动可以提高心肺耐力。排球运动是项“以长时间、低到中等强度为主的运动，属有氧运动范畴，对发展人体的呼吸系统、心血管系统（即氧运输系统）和肌肉氧化代谢的能力相当有效。另外，排球运动中每一次跳起扣球和拦网不仅要求跳得高，还要有滞空动作，跳跃最初是无氧供能，而多次重复的跳跃是有氧供能。因此，排球是一项有氧供能和无氧供能交替进行的综合供能的运动。经常进行排球练习，能提高个体心脏单位时间内的供氧能力。而充足的氧气及营养供应又能使心肌强壮而肥大，心脏的重量增加，心脏的容积增大，搏动有力，每搏输出量增加。排球练习时由于骨骼肌活动需要更多的氧气才能完成，所以呼吸次数增加，深度加强，肺通气量大大增加。

通过以上阐述，我们已经了解了排球锻炼增进心肺功能的意义。那么，在排球练习中如何更好地改善心肺功能和提高心肺耐力？这就要求参与者必须采用科学的锻炼方式与方法。否则，对心肺功能的增效甚微，而且还有可能产生负面影响。

在制定运动处方时，首先要了解练习者本人的心肺功能的适应状况和健康水平；其次要考虑运动处方的组成不得少于三方面的内容，即：准备活动、锻炼内容与方法和整理活动。

1. 准备活动

准备活动的目的是加快心率、升高体温，并增加肌肉的血流量；准备活动的时间以 10 ~ 15 分钟为宜；准备活动的内容要根据练习内容进行选择。

2. 锻炼内容与方法

锻炼内容与方法是运动处方中最重要的组成部分，它包括锻炼方式、频率、强度和持续时间等。

（1）锻炼方式：常用的锻炼方式是进行传、垫、扣、接及徒手移动的练习，也可进行串联及小配合的练习，在练习时要根据自身实际情况有目的地进行。

（2）锻炼频率：在不影响学习和工作的情况下，每周进行 3 ~ 5 次的排球练习最为理想，既可起到增强心肺功能的作用，又对身体的恢复与素质的提高有正相关的作用。

(3) 运动强度：锻炼时强度要适宜。强度过大会使无氧代谢成分增加，而对增进心肺功能效果不一定明显；强度过小对机体影响又太轻微。那么应如何控制强度以达到最佳锻炼效果，这里介绍用心率来掌握和控制运动强度的卡氏公式法。

芬兰学者卡沃宁（Karvonen）提出了一个发展最大吸氧量锻炼强度阈的计算公式，只要将自己的年龄及安静时心率代入卡氏公式，所得的数字就是锻炼中的强度阈值（适宜的心率）。

有氧锻炼强度阈(心率)=安静心率+[(220-年龄)-安静心率]×60%

譬如，一个安静心率为每分钟75次的20岁大学生，发展有氧能力锻炼的强度阈应该是：75+[(220-20)-75]×60%=75+78=153次/分

(4) 持续时间：作为增强人体心肺功能的体育锻炼，最有效的时间是30~60分钟，可根据自身健康状况及锻炼基础进行适当调节。一些研究报告表明，每天运动持续30分钟，五周之后就可观测到有氧耐力明显增强的效果。

3. 整理活动

每次完整的锻炼都包括整理活动。整理活动的主要目的是促进血液回流至心脏，以避免血液过多分布在上肢和下肢而造成头晕或昏厥。整理活动还可以减轻剧烈运动后的肌肉酸痛感和心率失常。整理活动至少应包括5分钟的小强度练习，如放松跑、柔韧性练习、肌肉放松活动等。

(二) 排球运动对力量素质的影响

力量是指肌肉工作克服阻力的能力。人体的所有活动都是由于对抗而产生的。因此，力量素质是决定练习者体能水平的重要因素，排球练习者的弹跳能力、移动能力和手臂挥击能力都是以力量为基础的。而且，高水平的力量素质对于减少运动损伤也有重要意义。在排球比赛中，网上优势是取得胜利的关键因素，这就要求运动员不仅身材要高，而且弹跳力也要好。出色的弹跳能力在进攻中能有效地突破对方的拦网防线，在防守上也能有效拦住对方的进攻扣球。

在排球运动的力量素质中，最重要的是快速力量素质即爆发力。排球运动经常有爆发性用力的动作，如快速起跳进行扣球、拦网及发球、救球等，能有效地提高人体的快速力量素质。

1. 提高练习者助跑速度和腿部蹬伸爆发力的方法示例

练习者的弹跳高度，主要依靠腿部蹬伸的爆发力（弹跳能力），练习者助跑速度的快慢，主要依靠腿部蹬伸的爆发力（移动能力）。因此两者的练习手段基本相同。发展伸髋、伸膝、伸踝等肌群绝对力量和爆发力的动作练习有：

伸髋（腰背部肌群）：向后抛掷重物、俯身背弓练习、负重划船动作等。

伸膝（大腿前、后群肌群）：负重半蹲起、挺举、半蹲跳、连续蛙跳等。

伸踝（小腿后群肌）：负重提踵、跳绳、足弓跳、稍蹲连续摸篮板跳等。

2. 提高摆臂能力的实用方法示例

摆臂主要由躯干肌、肩带肌和上臂肌群共同协调完成。目前常用摆臂方法有：负重侧抬臂（侧平举）、负重前抬臂（前平举）、持重物摆臂、拉皮条摆臂、徒手快速摆臂、俯卧撑、双杠上双臂屈伸、二人“推小车”游戏等。

3. 提高缓冲能力的实用方法示例

缓冲能力取决于发展伸髋、伸膝、伸踝等肌群的离心收缩能力。目前国内外常用的练习方法手段有：跳深、跳台阶练习、连续的负重半蹲、固定关节角度范围的连续负重半蹲（腿部不完全伸直）、各种连续跳跃练习等。

以上提高助跑、摆臂、缓冲、蹬伸等动作能力的负重练习，应首先以逐步提高负荷重量的形式发展肌肉的最大力量，当最大力量发展到一定程度后，再用小负荷重量发展肌肉的爆发力和速度耐力。

（三）排球运动对速度素质的影响

在排球运动中速度素质的表现形式主要是反应速度、动作速度、快速位移速度。排球运动能明显改善速度素质。

提高速度素质的练习方法：

1. 把练习者分成 A、B 两组，成两列站立，中间间隔 1 米左右，指定其中 1 名同学发号令，当喊到奇数时 A 组同学追 B 组同学；喊到偶数时 B 组追 A 组同学，1 ~ 5 米被抓到者罚做 10 个俯卧撑。

2. 3 米、6 米、9 米等不同距离，做好准备，然后看各种信号起动冲刺。

3. “看哪一队抢球多”游戏：队员成纵队站在进攻线后。看信号冲刺去抢端线上的 3 个球。谁最先抢到就可以将球存入本队的筐内，比赛结束后比哪队筐内存的球多即为胜。

4. 两人 1 组，1 人抛球，要求另 1 名队员跑动去接，接球后抛还给同伴。

5. “贴膏药”游戏。

6. 抢球游戏：数名同学围圈站立，圈内站 1 同学抢其他同学的地滚球。被抢到球者进入圈内替换对方。

7. 连续跳 4 ~ 6 个栏架或皮筋，要求脚落地后迅速跳起。

8. 连续快速地跳绳。

一般在做完准备活动的后期进行移动速度能力练习，时间一般控制在 8 ~ 10 分钟为宜。长时间练习效果反而不好。

（四）排球运动对灵敏素质的影响

在排球练习中，无论是地面动作还是空中动作，也无论是无球技术动作还是有球技术动作，都离不开上下肢躯干的参与，都需要高度的灵敏素质。灵敏素质包括协调性、灵活性和准确性三大基本能力。而协调能力是灵敏素质的核心。

灵敏性的高低还决定练习者的技术水平，排球练习者的灵敏性表现在以下两方面：

- 球和动作的一致性，能根据不同的来球做出相应的动作。
- 时机和动作的一致性，能在最准确的时机完成应该完成的动作。也就是通常所谓的“时空感”。

1. 灵敏素质锻炼的特点

（1）灵活性和协调能力是综合的素质能力，在训练时应把爆发力、反应、速度等一系列的动作和要求揉合于单个动作或编组动作之中，使它们互相促进，提高灵敏协调能力。

（2）由于灵敏协调能力受中枢神经系统的支配，因此，应在神经系统处于良性兴奋状态时进行练习。神经疲劳时，练习效果会明显下降。

（3）大学生处在生长发育阶段，灵敏协调能力尚在逐步完善中，长期坚持锻炼，灵敏素质会逐步提高。

2. 发展灵敏及协调能力的方法

（1）一般灵敏练习方法

① 小腿后踢或外踢跑：双手平放在臀部位置，掌心向外，小腿后踢或外踢时使脚跟碰手掌。

② 原地拍脚跳：体前右手拍左脚、左手拍右脚、体后右手拍左脚、左手拍右脚，由慢到快，依次进行。

③ 原地起跳：最大幅度地旋转身体后站立。

④ 各种原地跳绳：单脚跳、双脚跳、双脚交替跳、跳双绳、后跳绳。

⑤ 各种跑动中跳绳：一步、两步或三步一跳。

⑥ 各种垫上运动：前滚翻、后滚翻、侧手翻、头手倒立、手倒立、前手翻等。

（2）专项灵敏练习方法

① 看手势变向移动或变向跑。

② 多次交替的后退跑和转身跑。

③ 连续左、右侧滚翻或鱼跃。

④ 自抛球，转体360°后接球。

⑤ 跳起徒手拦网，落地后听指令转身做滚翻或鱼跃。要求动作连贯。

⑥ 徒手跳起扣球，落地后转身接同伴抛出的不同方向的球。

（3）灵敏游戏练习方法

① 小组踢毽：三或四人一组共踢一个毽子，尽量不落地。

② 跳“山羊”接力比赛：分两路纵队，各队队员间隔约1.5米，均弯腰手扶膝部为“山羊”。各队由一个队员先跳，跳过本队所有“山羊”后马上撑膝，后边队员接力，轮转一次或两次，先完成的队为胜队。

(4) 灵敏素质锻炼的时间、练习量的安排

灵敏素质的锻炼一般穿插到准备活动中以游戏的形式练习，时间以10分钟为宜，当身体素质下降时，应减少灵敏素质的练习，避免因注意力下降而受伤。

(五) 排球运动对柔韧素质的影响

身体的柔韧素质是指人体各关节的活动幅度和肌肉、韧带的伸展能力。虽然排球运动对练习者柔韧素质的要求不如体操、技巧等运动项目高，但柔韧素质对排球练习者却有重要的意义。排球运动的柔韧素质主要表现在扣球、拦网、救球等比较大的动作时的移动速度和移动幅度、范围的能力。柔韧素质主要取决于肌肉、韧带的伸展性，中枢神经系统对关节肌肉的调节能力。排球练习者肩、臂、腰、髋、腿部各环节关节的活动幅度，特别是附着于这些关节的完成各专项动作的肌肉和韧带的伸展能力，直接影响着技术动作的节奏感、协调性、动作幅度和完成技术动作的效能。因此，柔韧素质的练习，对于提高排球练习者的专项体能、促进机体机能能力的恢复具有不可替代的作用。

1. 柔韧素质的分类

柔韧素质可分为一般柔韧素质和专项柔韧素质。一般柔韧性是指练习者在进行一般身体练习时，为了适应这类身体练习所需要的机体柔韧性，如排球练习者在进行跑的速度锻炼时，加大步幅以锻炼排球运动所需要的腿部柔韧性。专项柔韧性是指专项体能或专项技术所需要的机体的柔韧性，如排球练习者扣球所需要的手臂和腰部的柔韧性。

2. 影响柔韧性的因素

影响柔韧性的因素主要有：①肌肉、韧带的弹性；②关节的骨结构；③关节周围组织体积的大小；④神经过程兴奋与抑制转换的灵活性，它直接关系到肌肉紧张与放松的调节能力；⑤心理紧张程度；⑥疲劳程度；⑦有机体的温度。

3. 柔韧素质的练习方法

柔韧素质的练习方法有主动性、被动性的静拉和牵拉。在一堂教学课的准备活动部分一般综合采用主动、被动的静拉和牵拉练习，使练习者各相应关节彻底活动开，并提高其柔韧水平，以避免在练习主要内容时肌肉韧带拉伤；在主要内容训练结束后的结束部分，一般采用主动或被动的静拉，帮助放松肌肉因疲劳产生的挛缩，保持肌肉的弹性，这是训练恢复极重要的手段。

发展身体柔韧性的一般方法：

（1）发展肩关节柔韧性的方法：压肩、吊肩。

（2）发展下肢柔韧性的方法：弓箭步压腿、肋木压腿、侧压腿。

（3）发展腰腹部柔韧性的方法：体前屈、体侧屈。①

柔韧性素质必须要持续不间断地长年练习，并与专项体能和专项技术紧密结合才能产生良好的效果。

4. 柔韧素质的练习时间、练习量的安排

柔韧素质的练习，一般安排在准备活动的后期，练习量不大，一般以5～6分钟为宜。

知识链接2-1

发展身体素质的作用

发展柔韧性要循序渐进、持之以恒，要周身锻炼、保持平衡，要力量适中，切忌用力过猛受伤，要调节体温，避免伤害事故的发生。

提高身体素质要有坚强的毅力和持之以恒的信心，要靠不断地运动而逐步提高。身体素质的含义是身体忍耐和应付各种压力的能力。身体素质的好坏是衡量一个人的体质状况的重要因素，身体素质是在校大学生正常参加体育活动的基础，是体质的重要组成部分，同时也是作为在校大学生有充沛和旺盛的精力去从事学习、运动及娱乐，并能从容不迫地应付各种意外事件的一种自身潜在能力。所以，学校体育的重要任务之一就是通过各种有效的途径和手段，提高在校大学生的身体素质，并对在校大学生的个性特征和总体特征做出正确的评价。

第二节　排球运动与心理健康

一、心理健康的含义

心理健康是一个极其复杂的动态过程，涉及人的生理遗传、生活环境和社会环境错综复杂的变化，心理健康是健康的表现之一。鉴于心理健康概念的表述不统一，在总结国内外研究结果的基础上，我们认为心理健康是指人类的一种心理状态，即人对内心世界具有一定安全、稳定、随和和充分的自信心，对

① 张瑞林. 体育与健康. 济南：山东大学出版社，2003.

外界环境的适应能以社会上公认的形式进行判断和应对，对于是非曲直能有自己鲜明的立场和态度。也就是说无论遇到任何困难和阻力，心理上都能沉着稳定和充满自信地以社会公允的行为准则去克服，凡是具有这种心态和勇气的心理状态，就是一个健康心理的标志。

二、心理健康的标准

（一）马斯洛的心理健康标准

1. 有充分的自我安全感。

2. 能充分了解自己，并能对自己的能力作出恰当的评价。

3. 生活的理想和目标切合实际。

4. 不脱离周围现实环境。

5. 能保持人格的完善与和谐。

6. 具有从经验中学习的能力。

7. 能保持良好的人际关系。

8. 具有适度的情绪表达与控制能力。

9. 在不违背集体意志的前提下，能有限度地发挥个性。

10. 在不违背社会规范的情况下，能适当地满足个人基本需要。

（二）世界卫生组织（WHO）提出的心理健康标准

1. 具有健康心理的人，人格是完整的，自我感觉是良好的，情绪是稳定的，且积极情绪多于消极情绪；有较好的自我控制能力，能保持心理平衡；自尊、自信、自爱，而且有自知之明。

2. 一个人在自己所处的环境中，有充分的安全感，能保持正常的人际关系，能受到别人的欢迎和信任。

3. 心理健康的人，对未来有明确的生活目标，有理想和事业上的追求，并能脚踏实地、不断地进取。

（三）我国的心理健康标准

1. 对自己有正确的认识和恰当的评价。

2. 能正视现实并对现实环境有良好的适应能力。

3. 能建立和谐的人际关系。

4. 热爱生活，献身事业。

5. 能保持健全的人格。

6. 能协调情绪，保持良好的心境。

尽管对心理健康的评价标准不尽一致，但是在认知能力正常、情绪稳定、健全的个性、良好的人际关系、充足的自信心和耐受力等方面，能使大家的认识得到统一。

三、影响心理健康的因素

人既是有机的自然个体，也是参与社会活动的成员，既要进行自身的新陈代谢，也要适应周围的各种环境。人类只有在生理上和心理上不断地调节自身来适应周围环境的变化，才能有健康的生活和积极向上的进取精神。周围环境的各种刺激通常都会诱发人产生生理和心理的变化，是积极的还是消极的，取决于个体对刺激的认知、评价和情绪体验以及应对能力。因此，对影响健康心理的因素问题，就应从个体的主观因素和客观因素来考虑。

（一）生理和遗传因素

人的心理活动主要是在后天的社会生活环境影响下和在社会实践活动过程中形成和发展起来的。但是，一个人的气质、能力、性格和神经系统的活动特点的某些成分会明显地受到遗传因素的影响。

另外，一个人的生理结构的损害会引起人不同程度的心理异常。如甲状腺机能紊乱可出现心理异常的表现及智力、性格的发展异常。微生物感染所导致的脑炎、中枢梅毒等造成神经系统的损害，可导致器质性心理障碍或精神失常，并可阻抑儿童心理与智力的发展。

（二）心理和社会因素

随着社会的发展，影响心理健康的心理和社会因素是复杂多样的，其中影响较大的有家庭环境与早期教育、生活事件和环境变迁、都市文化等。

1. 家庭环境与早期教育

家庭是影响个体早期心理健康的重要因素。早期母婴关系和稍后期的儿童与父母关系，对儿童长大以后的人际关系和社会适应性产生很大的影响。特别是儿童早期与父母建立和保持良好的关系，会起到积极的促进作用，相反，就会产生消极影响。

2. 生活事件与环境变化

人们日常生活中遇到的各种各样社会生活的变动即为生活事件，如考试、升学、亲人病故等。这需要个体付出很多的时间和精力去调整和适应因这一事件所带来的生活变化，从而减轻精神压力。生活事件造成的精神越强烈持久，对心理和生理平衡的影响就越大。环境变迁也是重要的生活事件，它需要个体进行一系列的适应过程。

3. 都市文化

都市化在促进工业的发展、商业繁华的同时，又必然导致人口密度增加、住房条件改善的困难上升等一些问题。由于繁杂的人际关系、噪声、交通拥挤等影响，难以避免产生烦躁情绪。特别是住房拥挤、居室楼层较高，使人与人之间的交往减少，使焦虑、恐惧、寂寞等与身心不利的异常情绪的发生概率大大增加。

四、排球运动的健心作用

（一）排球运动对心理健康发展的促进作用

对于一个健康大学生来说，长期进行科学、适宜的排球锻炼，可以改善其心理健康状况，降低焦虑水平，并提高自我效率，发展积极的情绪。对于有心理障碍的学生来说，通过长期科学、适宜的排球锻炼能较大程度地改善心理状态。

1. 排球运动与其他有效的锻炼方法一样，是控制人类社会进化的有效手段之一

在社会日益都市化的今天，自然与社会，身与心、形与神的相互联系是社会的需求、时代的追求。社会的进步、科学的发展，使人类认识到人类进化在一定程度上是可以控制的。身体锻炼就是控制人类社会进化的一种有效手段，身体锻炼不仅是身体和心理的磨炼，也是一种愉悦的享受，它使人身体健康，心情舒畅，从而缩小了人类和社会发展的差距，使二者同向发展。

2. 排球运动是促进大学生个性、心理良性发展的重要途径之一

大学生这一群体的文化背景、年龄特征、社会角色特征决定了他们心理的自身特点。大学生具有较高的智力水平、富有活力，他们在激烈的竞争和完善自我的奋斗中承受着巨大的压力，排球运动对缓解压力，消除精神紧张具有重要意义。

（1）排球运动具有调节个体紧张情绪的作用，能够改善生理和心理状态，恢复体力和精力。

（2）排球运动能增进个体身体健康，使脑力疲劳得到积极的恢复，使人精力充沛地投入学习和工作。

（3）排球运动还可以陶冶性情、保持健康的心态，充分发挥个体的积极性、创造性和自主性，从而提高自信心和价值观，使个性在融洽的氛围中获得健康、和谐的发展。

（4）排球运动属于集体项目，通过组织竞赛活动，可以培养人的团队协作及集体主义精神。

（二）排球运动对心理障碍的预防和治疗作用

对于一个常人来说，长期进行排球锻炼可以促进心理健康，对于一个有心理障碍的人来说这种作用更明显。

美国精神分析学家车哈内认为：许多心理变态是对环境的不良适应而引起的，现代社会中，人们面临的挑战很多，心理上存在着许多方面的压力：一是来自于社会责任的压力；二是来自于生活本身的压力；三是来自于竞争的压

力；四是整个社会不断加快的节奏所带来的压力。它迫使人们要改变原有的生活方式，加快生活节奏。人的进取心越强，这种压力感也就越明显，这种压力若过于沉重，就会出现种种心理障碍。长期科学地进行排球练习是预防和治疗心理病患的有效措施。

1. 排球锻炼能治疗焦虑和抑郁

焦虑和抑郁是普通大学生遇到的最常见的困扰情绪，焦虑患者常常无端地感到心烦意乱，惶惶不安，甚至产生恐惧感。它不是由具体事物引起的，患者往往找不到引起焦虑的具体对象和理由，随着焦虑的产生常常伴有心悸、头昏、恶心、手脚冰冷等症状，注意力不集中，重者正常的学习和工作几乎不能进行。

坚持一个学期以上排球有氧练习可以有效地降低焦虑水平。1991 年，彼特鲁茨多等人进行的 104 项研究表明了 20 分钟有氧练习（如排球锻炼）可降低焦虑水平。同时，锻炼又能降低心率和血压，减轻特定应激源对生理的影响。

另一项研究表明，有氧锻炼（适量的排球练习）或不强烈的身体锻炼有助于降低轻度和中度精神抑郁水平，甚至比放松练习和其他愉快的活动更能有效地降低抑郁水平。如果能与心理治疗相结合就能更有效地降低抑郁水平。

长期适量的锻炼既可降低特质性（长期、稳定的）抑郁，也可降低状态性（短期、活动的）抑郁；因此，身体锻炼既可降低正常个体的抑郁，又可降低精神病患者的抑郁。

2. 排球锻炼有助于促进性格和气质的形成及发展

有关研究结果表明：通过排球运动可以塑造人的心灵，促进个性气质的发展。两千多年前，荀子认为“形具而神生”，即精神要依赖于身体，有了身体才有精神。18 世纪法国医生兼科学家拉美特里曾说：有多少种体质，就有多少种不同的精神、性格和风俗习惯，心灵随着肉体的进展而进展，就像体育的发展随着教育程度而进展一样。现代体育的发展进一步证实了前人的观点：在创造健壮形体的同时，体育也在塑造着和谐的心灵和精神。排球锻炼可以坚定意志，而有坚强的意志品质才能坚持锻炼，二者相辅相成、互相促进。

3. 排球锻炼能培养对个体、集体、社会的责任感

通过排球练习可以解剖自我、认识自我，迎接挑战的练习过程就是人的新价值的形成过程，而这种价值积累是其他任何社会教育活动所不可代替的，它具有一种培育人的特殊含义。

丰富多样的排球练习形式能促进人与人间的交往，使大学生不仅能接受自我、悦纳他人，也能认可别人存在的重要性和价值，同时也能为他人所理解，为他人和集体所接受，使人际关系协调和谐。

体育锻炼使个人和集体紧紧地融为一体，个体既能共同享受胜利的快乐，又能共同分担失败的痛苦，在这种氛围中能使大学生产生安全感并充满自信心，能使大学生正确对待生活、学习和工作中的各种困难和挑战，待人接物适当、灵活，对外界刺激不偏颇，能够与社会、集体融为一体，这是当代大学生应该具备的优良品质。

五、排球锻炼与智力发展

正常的智力是正确认识世界的前提，是心理健康的基础，也是心理健康的第一标准。一方面，经常参加体育运动（如排球练习），可以促进大脑的开发，增强神经系统功能。现代医学研究表明，人的右脑的信息容量、记忆容量和形象思维能力大大超过左脑，体育锻炼可以使右脑得到充分的锻炼，提高人的记忆力和抽象思维能力；另一方面，体育锻炼（如排球练习时，助跑、起跳、拦网、大力扣球等动作）可以使神经系统的兴奋和抑制过程更加集中，对外刺激的反应更加迅速、准确，还可以提高人的视觉、听觉、感觉、神经传导速度、神经过程的均衡性和灵活性，促进神经系统功能的增强。大学生在学习过程中，大脑皮质的有关区域处于高度兴奋状态，随着学习时间的延长而产生疲劳，导致学习效率下降，这时参加运动练习，由于体力活动和脑力活动的合理交替，促使运动神经中枢兴奋，使得与文化学习有关区域的脑细胞得到休息，这样就能消除脑力劳动所产生的疲劳，提高学习效率。

六、排球锻炼与情商培养

情商（EQ）是指人对情绪的表达和处理能力，情商是情绪的智力，是个人在情绪方面的整体管理能力的一种综合概念。研究结果表明：成功的人生，20%取决于智商，80%取决于情商。

情商包含以下五个方面的能力：①认识自身情绪的能力；②改善管理情绪的能力；③自我激励的能力；④认识他人情绪的能力；⑤人际关系的管理能力。

经常从事排球练习的学生，会在逐步提高自己技术和战术能力的同时，注意到从小事做起，注重事物的细节，会培养出良好的个人行为习惯，重新塑造向上的自我形象。在排球场上一次善意的微笑，赢得球时相互之间有力的击掌鼓励与赞赏，失败后相互之间的安慰与理解，都会对情商的修炼有很大的帮助，这就是对我们整体情商、心态、观念的调整，情商得到了提高，能在日常生活中及时调整自己获得快乐，以下是五条通向快乐的途径：不要存有憎恨的念头，不要让忧虑占据自己的心灵，简单地生活，多分享，少欲求。

七、排球锻炼与情感体验

情感与情绪是人对客观现实态度的体验，也是心理健康标准的一个方面。人生活在错综复杂的社会中，经常会产生忧郁、紧张等情绪反应。体育运动不仅可以转移不愉快的意识、情绪和行为，使人从烦恼和痛苦中摆脱出来，还可以使不良情绪得到及时的宣泄。适当的体育锻炼可以改善人的情绪，人的情绪是对客观事物是否符合自己的需要而产生的体验，符合自己的需要就会产生愉快情绪，反之就会产生烦恼或忧郁等情绪。人在受到某种挫折时，在大脑里形成一个强刺激，从而引起一个兴奋灶，使人陷入痛苦和懊丧之中。如果能积极参加排球练习就可以转移大脑皮质的兴奋中心，也就是说，人在参加排球活动时往往只注意身体的运动，而把烦恼抛在脑后，起到转移注意力的作用，有益于大脑活动的调节。同时，排球练习还可以增加人际交往，改变孤独、抑郁、自卑等心理状态，使整个神经系统得到调解，从而维护心理健康。

无论是长期或短期的排球练习都可产生良好的情绪效益。长期的锻炼是指每天或定期进行活动，这种锻炼活动会持续较长的时间，一般为 10 ~ 12 个月。短期活动是指短期的，每次大约 60 分钟的身体活动。2004 年全国高校体育工作座谈会上，提出“每天锻炼 1 小时，健康工作 50 年，幸福生活一辈子”的口号，倡导了新时代大学生的健康生活理念。

八、排球锻炼能促进意志品质的改善

意志是一切行为之动力，在人的实际行动中的作用是不可低估的。没有意志，障碍难以逾越，从这种意义上讲，意志品质是完成任务的保证，是每个学生努力学习的精神支柱。在体育活动中，为了达到活动的要求，取得良好的活动效果，需要学生自觉地克服困难，起支配作用的就是坚定的意志力。没有良好的意志谈不上健身，更谈不上益心。体育活动是培养学生意志品质的一种有效手段。排球比赛中，球不能落地而且击球至多 3 次必须过网的特有规定，使参加排球比赛的队员总要随时准备弥补同伴因错误而无法解决的困难，或救起因其他原因而没有接到位的球，为了发挥本方的进攻力量而不惜奔跑扑救，给下一次击球的队员创造方便条件。因此，经常参加排球运动可以培养个体的优良体育道德作风和团结协作的集体主义精神；培养个体勤奋、助人、拼搏的优秀品质；培养个体坚韧不拔、永不放弃的意志品质。

意志品质是指一个人的果断性、坚韧性、自制力以及坚忍顽强和主动独立等精神，意志品质既是在克服困难的过程中表现出来的，也是在克服困难中培养出来的。那么在排球练习中是如何实现的呢？

第一、通过竞赛、规则的制约，对抗强度的设置来培养学生意志品质；

第二、通过条件限制法，提高练习的难度，使学生为完成任务而付出更多的努力，以提高学生的适应能力和增强学生的自信心，从而培养坚韧、自制的意志品质；

第三、通过疲劳负荷法来完成，在学生练习过程中，给予一定的生理负荷，使学生产生适度的疲劳，并要求学生在疲劳后坚持完成任务，从而达到磨砺意志的目的；

第四、自我强化法，在学生练习过程中通过自我鼓励、自我检查和自我监督等手段来鞭策自己去克服困难，以完成任务。

九、增进心理健康的排球锻炼方法

（一）放松训练

通过一定放松练习（呼吸、暗示、表象、音乐等）使肌肉放松，大脑入静，从而调节中枢神经的兴奋水平，缓解紧张情绪。

放松训练是心理训练的基本功。它应当包括以下几个环节（图 2-1）：

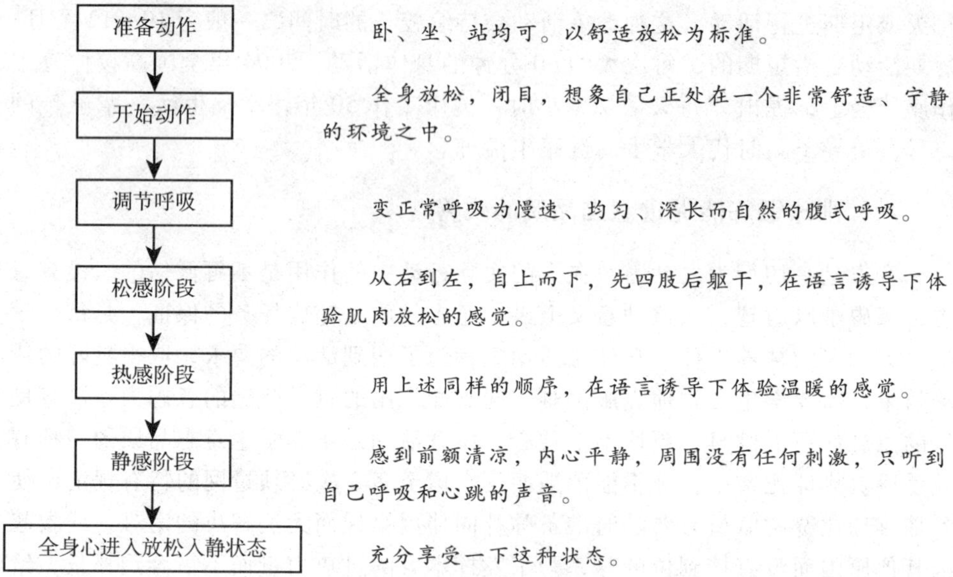

图 2-1　放松训练的环节

放松训练的作用主要在通过大脑与骨骼肌双向联系的反复沟通，提高中枢神经的调节、支配功能，降低中枢神经系统的兴奋性，从而缓解紧张情绪，加速身、心恢复，并为进行其他心理训练打下基础。

放松训练应当坚持“系统练习”，最好每天做 1 ~ 2 次，每次 10 ~ 15 分钟。

（二）集中注意力训练

集中注意力是通过对一定目标的指向和集中，提高注意力的稳定性，培养抗干扰能力。

排球练习者的注意目标应以活动目标为主，并要求有一定的注意范围。怎样练习集中注意力呢？

1. 设置具体目标，是用听觉练习集中注意力，还是用视觉练习集中注意力；是在注意自己的呼吸，还是在注意想象。

2. 注意目标的焦点，应由广至窄，由大到小，由四周到中央。

3. 注意的过程，由外部目标转向内部目标，如由周围环境转向练习者自身身体，由浅层转向深层。

4. 与分散注意力的因素交朋友，模拟干扰，在干扰情况下仍能集中注意力，以此提高适应能力。

5. 进行放松和视觉化练习。

6. 使用积极、简明的暗示语，如集中、感觉、准、快等。集中注意力的根本途径就是控制大脑，增强心理技能。通过放松和表象训练，也可以有效地提高练习者的注意水平。

（三）模拟训练

模拟训练也称针对性训练或实战训练，目的是提高适应不同环境和不同对手的能力。如模拟比赛场地、气候、时间、不同打法的对手，甚至不公正的裁判等条件，要求运动员仍能正常发挥技术，情绪保持稳定，这就是有效的模拟训练手段。最简便的方法是语言模拟，也可以称作心理演练，就是在头脑中想象比赛时的各种情景，如对方的来球及自己的对策等，并配合适宜的语言诱导。这样的训练不受任何客观条件的限制，随时随地都可以进行，这种方法可以提高认知能力，有效地降低焦虑水平。

第三节　排球运动与社会适应能力

在现代社会中，个体的社会适应能力越来越受到教育者的关注，因为适应能力高低对个人生活和工作的影响程度丝毫不亚于身体健康状况和知识掌握状况的影响。学生能否适应社会是决定他们毕业后走向社会事业成功的关键。不管拥有多少知识、不管具备多么强的业务能力、不管坚定了多么高的报国之志，如果不具备适应社会的能力，那么，将很难取得事业的成功。排球锻炼以其自身特点，对提高人的社会适应性产生积极影响。通过本节的学习将使学生懂得如何采用排球锻炼培养自己的社会适应能力，从而更加积极主动地参加排球锻炼，从中培养人与人相处的方法和能力。

人在参加体育锻炼时常会扮演不同的角色，这些角色与现实生活中的一些角色也比较相似，而且在运动中还必须遵守一定的规则和道德规范，而这些规则或规范与现实生活中的法律、道德规范相似。因此通过参加多种体育锻炼，能够使人有机会体验和学习扮演不同的社会角色，使自己的品行符合一定的社会规范、成为一个遵纪守法、有公德的好公民。除此之外，体育锻炼还能增加人与人之间接触和交往的机会。通过与他人的交往，可以使个体忘却烦恼和痛苦，消除孤独感，提高自己的社会适应性。①

一、排球锻炼与规范意识、创新精神及价值观念

（一）排球锻炼有助于强化学生的规范意识

这里所说的规范，主要指与学生体育行为有关的各种规范，包括排球规则和其他约定俗成的各种体育规范。这种规范的活动是排球比赛的条件，因而只要学生一旦参加到排球活动中去他们就不可避免地会受到规范的约束，在规则、裁判或舆论等作用下，学生的规范意识会逐渐增强，学生会逐渐学会在规范的约束下进行练习和比赛。由于排球活动中形成的规范意识有助于学生一般行为规范意识的形成，这就使得排球锻炼对学生的社会化进程具有重要的意义，从而有助于学生法制观念的形成。

（二）排球锻炼有助于提高学生的探索、创新精神和心理承受能力

克服障碍（如进攻时突破对方拦网）是排球锻炼和比赛中的一个显著特征，由于这种行为过程与学生的生长发育同步，因而它表现出运动方法日益丰富，运动能力不断提高、运动技能逐渐提高的特征。与人生其他阶段特别是中老年阶段的锻炼活动相比，学生阶段进行排球锻炼能体现出不断地遭遇障碍和经受挫折、不断地超越自我、不断地创新和提高的特点，心理承受能力也会显著增强。

（三）排球锻炼可以培养适应社会需要的价值观

价值观念是文化观念的核心，也是文化精神的集中体现，它是指人们对社会经济活动的价值判断或价值取向。

当前我国社会转型和深刻变革引起社会利益结构的变化，给人们思想观念带来了猛烈冲击，大学生价值观念因此而产生新的变化：价值观核心由社会本位向个人本位偏移；价值目标由理想主义向现实主义转变；价值信仰一元主导向多元并存发展；价值取向由单一型向多样化发展；价值评价标准由内在精神型转向外在功利型；价值实现的途径由外控取向转向内控取向。

---

① 常智．大学生体育与健康．贵阳：贵州人民出版社，2002.

但是理解和肯定大学生的价值观念在现在历史条件下的变化，并不是说无可忧虑了。事实上，全面认识和分析大学生价值观念变化，就会发现一些不容乐观的问题。如在大学生“自我意识”强化过程中，“个人主义”、狭隘的“功利主义”的影响不可忽视；当代大学生存在着信仰迷失、人格解体的反传统、反文化的虚无主义心态，等等。为此，我们有必要加强对大学生的引导，帮助他们树立正确的世界观、人生观和道德观；加强大学生的思想政治教育工作，及时了解他们的思想动态，了解他们的需求、困惑和苦闷，及时与他们进行沟通并予以解决。除此之外，还需要创造一个有利于大学生健康成长的社会环境。

排球锻炼和比赛人人都可以参与，它不分国界、年龄、性别以及职位的高低，它构建了一个平等的，每个人都乐于接受的，并能融入其中的模式。它处处体现着人与人在平等和参与中夺取胜利的机会均等性。在高校，学生们既能从公平竞争中逐渐体会到排球比赛不仅是力量的抗衡、速度的角逐，更是技术的较量、战术的博弈，知识与力量的综合比较，又能领悟到要想在激烈的竞争中立于不败之地，必须崇尚知识、崇尚人才。

“世间自有公道，付出终有回报”，大到排球健儿赛场上为国争光，小到排球锻炼者为学校、班集体争得荣誉，无不体现通过认真练习、刻苦锻炼后才能获得较好成绩的精神。排球锻炼付出与收获上的因果关系最能直接地使人们领悟到成功的喜悦是平日努力的结果，辛勤的汗水铸成辉煌的成就，能使排球锻炼者树立拼搏进取的正确人生观。排球比赛虽然体现的是竞争，但是建立在友好气氛、环境中的相互技艺的切磋和智慧的交流，可以规范人的和平行为，使人们形成和平的价值取向。

正因如此，学生在从事排球练习中，能够形成优秀的价值取向。所以，积极主动地参与排球锻炼能有效地形成和提高人们适应社会的价值观。

二、排球锻炼与个性形成、协作意识及人际关系

（一）排球锻炼对学生个性形成的作用

个性是指个人在其生理和心理素质的基础上，在一定社会环境条件下，通过实践锻炼和陶冶，逐渐形成的观念、态度、习惯和行为的总称。它是一个人比较稳定的心理、生理素质和社会行为特征的总和，是一个人能否适应社会或能否被社会接受的关键因素。

人们的个性心理特征包括人的能力、气质和性格等内容。其中决定一个人个性的重要因素是一个人的性格。人的性格多种多样，有的人热情、坚定、果断，有的人冷漠、动摇、懦弱，有的人固执、自信、骄傲，也有的人优柔、谦和、自卑。但不管哪一种性格，其形成都与身体锻炼有着密切的关系。

排球锻炼对学生个性的培养，应因人而异，学生来自不同的地域又受当地

不同文化及家庭背景环境因素的影响，更受遗传因素的影响，因此，所表现出来的个性特征千差万别。内向型学生的心理活动一般倾向于内部世界，珍惜自己内心的情感体验，对内部心理活动的体验深刻而且持久。表现为意志顽强，能吃苦，记忆力、判断力较好，善于观察，勤于思考，乐于助人，能虚心吸取别人的长处，情绪稳定，自制力强，能够认真地按照老师的要求去圆满完成任务，但容易形成冷漠、迟缓等弊病。因此，在教学过程中要多督促与鼓励，使他们的个性特征得到稳定持续的发展。具有外向型特征的学生心理活动倾向于外部世界，对客观表现出关心和有兴趣，性格开朗、活泼、敏捷、好动，他们具有较好的观察能力、想象力、反应能力、模仿能力和创新能力，但内抑制能力差，不善于控制自己的言行，在练习中表现出好显示自己，易冲动，情绪不稳定，喜欢冒险，急于求成，粗枝大叶等毛病。例如，在学习排球时，表现出有很高的积极性，但在输球的情况下，易冲动、情绪不稳定。因此，在练习过程中要正确引导，适当地鼓励，帮助他们约束自己的行为，把冲动、好个人表现转变成爱集体的品质，克服急躁情绪，还要注意培养他们的自制力和集中注意力等良好的品质，保持和发展他们的学习积极性，使他们能起到骨干带头作用。

排球锻炼对高校大学生个性的培养也有其共同点：

（1）排球锻炼对学生的个性形成有一定的约束作用：在排球练习和比赛中，每一位参与者都会受到本队和对方的约束和限制，受到来自本队的督促与激励，这其中不仅是技术的、技能的，而且还包括精神的。在这种群体活动中，不遵守群体规范的行为，可能要受到比较严厉的制裁或惩罚。为了与群体保持一致，练习者心甘情愿接受来自群体的约束。而这些约束迫使成员不得不改变自己的某些特性以适应群体的需要。

（2）排球锻炼对人的个性形成具有调整功能：排球锻炼需要有智力、情感和行为的参与，同时还要求人们有较高的体能和技能的投入。因此，每次参加排球锻炼时，应尽所能地完成好动作。正是由于这一过程的出现，又使得每一位锻炼者有机会发现自己个性中的优秀部分，找到自己的不足，采用最佳方式巩固提高自己的长处，克服改进自己的短处。正是通过排球锻炼能够形成正确的自我认识和自我意识，不断地完善自我，也正是通过这种锻炼方式可以使学生形成和发展个性以及实现其社会化的过程。

（3）排球锻炼可以培养人们具有丰富情感的个性：现代社会决定着现代人的情感。这不仅表现为强烈的责任感、道德感、执著追求感，也具有理性感和转移感，同时也是人类高级情感的发生器，它丰富着人类的情感要素。排球活动的自我意识感、群体约束感和主动积极感，能激励参与者以高度的责任感来达到与同伴的协同合作；它以执著的追求，驱动着自己竭尽全力地去实现奋斗的目标；以复杂而快速的转移感，领略着成功的欢欣和失败的痛苦。排球运动给人们提供的情感体验是复杂多样的，顺应了当代大学生对情感的多方面的需求。

（二）排球锻炼对学生协作意识形成的作用

排球是有着较为严格分工的集体体育运动项目，排球规则明确规定在比赛中，任何人均不得连续两次击球（拦网除外）。因此，协作意识、团队精神是取胜的关键。主攻手、副攻手、二传、一传缺一不可。只靠个人技术、个人拼搏是不够的，必须遵循有序性、有机关联性等规律，本队队员之间通过密切合作，齐心协力，并运用合理的战术配合，才能使这个集体协作运转，获得大于个体运作之和的整体效益，达到比赛的预期目标。

例如，在20世纪80年代夺取“五连冠”的中国女排，论个人技术和身体条件并不强于当时的美国、苏联和古巴队，她们获胜的关键是依靠队员相互之间、队员与教练之间的密切协作，从而形成了势不可挡的集体效能；2004年雅典奥运会夺冠时的女排正是吸取了老女排的精神奋勇拼搏，以及2008年北京奥运会拿到季军的处于新老交替阶段的女排都是克服自身不足发挥集体力量与强队抗衡。由此更进一步证实，排球需要集体力量，需要团队的协作。然而，协作意识的形成并不是一朝一夕的，必须通过参与排球教学、练习、竞赛等活动的有机结合，并不断地重复磨炼，才能在潜移默化的过程中逐步培养与增强这种协作意识，并使之“生活化”，融入我们的工作学习之中，改善我们的社会适应性。排球运动有利于协作意识和协作能力的锻炼与培养，是排球运动本身属性所决定的。它对造就未来社会大量需要的协作型人才，起到了其他教育方式难以比拟的作用。

（三）排球锻炼与人际关系

所谓人际关系是指在社会交往过程中人与人之间所形成的和谐或抵触的情感关系。它表现为人与人之间心理上的距离，反映着人们寻求需要满足的心理状态。当今社会中人际关系的和谐与否，往往能影响人们的学习生活及事业的成败。

既然人际关系对人的生活具有如此大的影响，那么，通过何种途径能有效地培养当代大学生的人际交往能力呢？答案是：排球运动可以起到良好的正相关作用。

社会学研究结果表明：影响人际关系改善的主要因素有沟通能力、对身体语言的理解和使用能力、自我意识水平和移情能力等。而排球锻炼又恰恰对影响人际关系改善的主要因素具有直接作用。因此，排球场上队员之间用眼神和手势传递信息，语言的鼓励与安慰，有力的击掌和轻触的关心，都能够培养和提高人际交往能力。

排球比赛中队员之间的身体语言起着相互沟通的重要作用，通过肢体语言得知同伴的意图，同时也能反馈自己的信息，还在技、战术的创新和实践中不断地丰富着其艺术表现的内涵。因此，排球锻炼可以发展学生的肢体语言，使之在社会交往中发挥作用。同时在排球锻炼时所形成的自我意识行为在不断运动实践中将变成一个人的自觉行动，将这种能力运用到社会交往中，就可以了解自己的真实面目和别人对自己言行的反映，提高自己的社会交往能力。

大学生人际关系具有以下特点，第一，大学生之间相互关系应该是一种团结友爱、平等互助的关系；第二，大学生的人际交往具有浓厚的理想色彩，比较纯洁、真诚；第三，大学生人际交往相对简单、稳定；第四，认知因素在大学生的人际关系中起着主导作用，排球锻炼以其特有的方式满足了大学生身心发展的需要。

三、排球锻炼与和谐氛围营造

推进素质教育的全面实施，是我国高等教育改革和发展的主旋律。社会需要德、智、体三方面均衡发展的当代综合性人才，体育教育则显得尤为重要，因为她不仅增强了大学生的体质，为德育、智育教育打下了坚实的基础，又能为大学四年的学习生活及步入社会营造了良好的氛围。

（一）创设和谐、愉快的课堂情境，教与学形式多样

现代社会所倡导的是以人为本的新思路，尊重学生的选择、以学生为主体的教学效果十分显著。

教师应把整个教学过程转变成学生的学习过程，教师的教要从学生实际出发来促进学生的学，充分发挥教师在课堂教学中的主导作用。教师要有良好的教态、优美正确的示范动作和语言精练的讲解；同时还要充分了解学生、关心学生、爱护学生、信任学生、跟学生做好朋友；教学态度和蔼可亲，精神面貌好，师生关系融洽，学生在课堂的学习情绪也将会受到鼓舞，学生的学习兴趣得以激发，能有利于联想、分析、推理和进行创造性学习。正如爱因斯坦所说的："兴趣是最好的老师。"在排球锻炼时教师应采用创新教学等形式多样的方法并结合学生的兴趣，进行丰富多彩的视听教学，并以实际出发，制定一系列切实可行的考核制度，使学生的自主性得到最大的发挥，充分享受人与人之间和谐的良好氛围。

（二）采取比赛形式营造良好的学习氛围

在排球锻炼的准备部分中，教师有意识地将学生分组进行练习，并对完成好的组给予表扬。在排球锻炼的基本部分，通过比赛来营造团结、拼搏和进取的课堂气氛，有利于学生的互助互爱，并能在这种和谐和氛围中掌握排球锻炼的知识与技能，提高学生的团队合作能力。

心理学研究表明，一个人没有受到激励只能发挥自身能力的30%，如果得到激励则能发挥出90%。体育教师应善于应用激励机制，通过激励机制来提高教学的效率，创造出良好的学习氛围。课堂上，教师对学生良好的表现应立即做出表扬和鼓励，如鼓掌鼓励和语言鼓励等。教师的期盼与支持，能激励学生主动学习、探索知识和勇于进取的体育精神，可提高学生学习的信心和积极性。这样，学生会感觉到自己在排球锻炼中的价值和成就感，会更努力地投入到课堂学习中，有利于掌握运动技能和营造良好的学习氛围，也有利于终身体育目标的实施。

四、排球锻炼与民主意识

民主是指人们对事情具有参与或自由发表意见的权利。民主是社会进步和文明的象征，是社会公德和法律要求的具体体现。没有适应社会需要的民主意识和民主行为，将受到社会公德和法律的约束和限制。由于排球活动参与的大众性和比赛结果评定的公开性，在程序上决定了排球比赛必定是个民主过程。每一项排球活动内容人人都可以平等地参加，并在活动中“获取与其天赋相适应的运动成就”。同时人人可以平等地参加每一项排球活动已成为一种民主权利。从排球规则的制定、竞赛的组织、胜负的判断、运动员的选拔都能体现充分的民主性。

众所周知，排球比赛的结果是在严格规则控制下公平公正中产生的，密切配合的凝聚力是战胜对手的法宝，公平竞争的环境是取信于民的外部条件，这种公开性和透明度是排球运动目标民主化的保证。同时，排球运动民主化的产生也影响着人的民主行为养成，是教育和引导学生成为民主法制成员的有效方式。所以，排球锻炼对培养人们适应社会的民主意识，养成民主行为，具有示范作用。

五、排球锻炼与体育道德精神

（一）体育道德精神的含义

体育道德是社会道德的一部分，是个体的品德（思想道德品质）在体育活动中的反应，良好的体育道德是一个国家和民族精神文明的具体体现，一个没有强大精神支柱的民族，不可能自立于世界民族之林，任何体育比赛都需要有强大的精神动力作为支持。作为运动参与者，良好的体育道德包括：尊重他人对体育活动的兴趣和需要；在体育比赛中遵守规则和服从裁判；在体育活动中不故意伤害他人；成为体育比赛中的文明观众。

体育道德的内容表现形式：包括体育道德意识、体育道德行为、体育道德规范三部分。体育道德意识是体育活动参与者所具有的道德情感、道德意志、道德信念和道德伦理；体育道德行为是体育活动参与者所表现出来的对社会或他人有一定影响的体育行为；体育道德规范是体育活动参与者体育道德行为的准则。它不仅是正规比赛时参与者必须遵守的道德准则，同时也是非正规比赛和体育游戏时所有参与者应该遵守的行为规范。

体育既是物质的，又是精神的。古代奥林匹克运动的创立和现代奥林匹克的重建，在重要的位置上是为了弘扬人类的人文精神。现代经济活动多以一定的人文活动进行或表现为一定的人文活动。在当代众多的人文活动因素中，几乎没有几种可以像体育那样极大地影响经济活动。可以说当代体育文化“弥漫”于整个经济领域，既表现为动力和资源，又体现为一种推进器和润滑剂。体育文化的这种看不见、摸不着的底蕴作用，便是企业发展中隐在的、深层的推动力。

高校体育课中的排球锻炼具有特殊的精神作用，它能把人们团结在一起，它能使人积极向上、勇于创新，它能促使个性、独特气质的形成。所以学校体育教育不仅能强体魄、长知识、增技能，更能让学生的思想道德素质得到培养和发展。在体育教学中渗透德育，关键是要解放思想，转变观念，结合学校和学生的实际情况，充分利用排球锻炼所具备的自身优势，大胆创新，有的放矢地使德育工作贯穿于高校体育教学的各个环节之中。

（二）如何遵守体育道德

首先，要提高对体育道德的认识，树立正确的体育道德观念。只有观念正确，才能识别哪些言行是道德的，哪些言行是不道德的，有了这种识别能力才便于在比赛中规范自己的言行，在观看排球比赛时才能不随波逐流，自觉遵守赛场规定，做文明观众。

其次，加强自己的道德修养，形成良好的体育道德习惯。排球锻炼中个人的道德表现是现实生活的缩影，最能真实地反映一个人的思想品德状况，如果一个人平时对自己要求很严格，养成了遵守纪律的良好习惯，在排球比赛中会很自然地遵守比赛规则，毫无条件地服从裁判员的判罚，同时，也会把这种良好的行为习惯迁移到学习和生活中；相反，如果一个人平时放松对自己的要求，经常违反纪律，在排球比赛中他也不可能表现出良好的体育道德，这就是平时所说的“习惯成自然”。

第三，要大胆实践。因为体育道德是在任何一种体育活动（如排球比赛）中非常自然地表现出来的，所以，要在实践中加强锻炼，提高自己的道德水平，有意识地实践良好的体育道德行为。

综上所述，要培养出良好的体育道德精神，并不是在一次排球锻炼中就能形成的，它需要教师和学生的共同努力，不断修正自己的行为规范，从小事做起，是一点一滴慢慢形成的。但可以肯定地说：排球锻炼对体育道德精神的形成能起到重要的作用。

思考题

1. 排球练习对身体素质有怎样的影响？对哪一方面影响较大？
2. 除了排球以外能促进心理健康的体育锻炼方法还有哪些？
3. 排球锻炼对个性的形成有哪些突出的贡献？
4. 排球锻炼对学生心理承受能力及价值观的形成的影响如何？
5. 排球运动对个人社会适应能力的影响表现在哪几个方面？

第三章　排球运动的起源与发展

章前导言

排球运动于1895年起源于美国，由美国马萨诸塞州霍利奥克市基督教青年会干事威廉·基·摩根（William. G. Morgan）发明。发明者的初衷是为中老年人设计一种娱乐运动，当时参加活动的人数和击球次数都不受限制，只要两队人数对等即可，排球运动的不断发展促使了规则的形成。百年后的今天，这项运动已发展成适合于各年龄层次的人参加的大众化体育运动，并与篮球和足球一样，成为世界性的竞技比赛项目。而且，排球运动还在不断地推陈出新，沙滩排球（beach volleyball）、软式排球（soft volleyball）以及残疾人排球等多种形式的排球锻炼逐渐兴起，扩大了参赛群体，以适应当今社会的发展需求。通过对本章内容的学习，使学生对排球运动的发展及规则的演变有一个全面直观的了解，提高学生参与排球锻炼的兴趣。

学习目标

1. 了解排球运动的起源。
2. 知晓排球运动的传播与发展。
3. 了解排球规则的修订对排球运动发展的影响。
4. 了解沙滩排球运动的起源和发展。
5. 了解各种排球运动的形式。

关键词

排球　起源　传播　发展　规则演变　沙滩排球

第一节 排球运动的起源与传播

一、排球的起源

随着第四次产业革命的兴起，美国的经济和社会劳动生产率随之提高，工人的生活水平有所改善，人们的生活方式也随之发生了巨大变化，娱乐活动和体育活动越来越受到人们的青睐。马萨诸塞州（旧称麻省）霍利奥克市基督教青年会作为当时倡导体育活动的一个有力组织，提出有意义地利用空闲时间，开展体育与健康活动，并提出“身体、心理、精神（Body，Mind，Spirit）”的口号，1891 年美国人詹姆斯·奈史密斯发明了篮球运动（basketball）。但这只是青年人的运动，对年龄较大的人来说，这种运动太剧烈了，他们不愿意在球场上跑动、冲撞。1895 年霍利奥克城基督教青年会体育干事威廉·基·摩根为了寻求一种运动量适中、又富于趣味性、男女老少都能参加的室内娱乐性项目，他发明了在体育馆内挂上网球网子，用篮球胆（起初是篮球）在球网上空来回对打的运动。打法采用网球和墙球的一些技术，规则则类似棒球，由 9 局组成，胜 3 分为 1 局。双方上场人数不限，但须对等。摩根给这种运动形式取了一个颇为有趣的名字 mintonette，意为“小网子”，这一名称来源于羽毛球 badminton 中的“minton”，其意为保持球在空中。

1896 年 7 月，美国马萨诸塞州斯普林菲尔德基督教青年会体育指导大会在霍利奥克城举行。大会期间举行了“mintonette”表演比赛，两队各出 5 人，双方队长分别是霍利奥克市市长柯伦（J. Curten）和消防队长林奇（John Lynch），兴致勃勃观看表演的艾·特·哈尔斯戴特博士（Alfred Halstead）觉得“小网子”一词意犹未尽，提议把“mintonette”改为“volleyball”，取“空中飞球”之意。这一提议形象地概括了排球运动的性质，得到与会者一致同意。从此，“空中飞球”开始起飞。不久分离的两个单词合二为一，volleyball（曾译为“华利波”）一直沿用至今，而 mintonette 却鲜为人知了。同年，在马萨诸塞州的斯普林菲尔德市举行了第一次排球公开赛，这是世界上第一场排球比赛。当时比赛采用 5 人对 5 人制。从那以后这个新的运动项目在各学校迅速开展起来。与此同时，美国军队对此项运动亦产生浓厚的兴趣，并把排球列入军事体育项目，广泛在军队中开展，在空军中一度达到狂热的程度。①

① 中国排球官网 http：//volleyball. sport. org. cn/data/2007-01-24/182061. html

对排球的起源，有人也提出过一些其他的史料引证。如哥伦比亚大学的卢慧卿博士在其论文《对世界各地排球发展的分析》一文中指出，公元前500年的壁画中即有排球游戏。加拿大的安东尼（Don Antony）在《奥运会》一书中也提到类似排球的游戏在中世纪就有，每方5人。但至今为世界各国公认的是，排球于1895年由美国的摩根发明。

虽然美国是排球的起源国，但长期以来只把它作为一项休闲娱乐的游戏活动，所以技术水平发展缓慢。

二、排球运动在世界范围内的广泛传播

1896年美国开始有了排球比赛，也有了排球规则。第一部规则发表在1897年7月出版的美国《体育》杂志上，最初排球比赛没有人数规定，只是为了娱乐，竞争不很激烈，适合于年龄较大的人，赛前由双方临时商定，只要双方人数相等即可。规则的制定，规范了排球技术与比赛，经过不断地修改完善与融合，20世纪70年代末终于有了世界范围内第一本世界通用的排球比赛规则。

排球运动出现后，主要通过教会的传播活动和美国军队的军事与战争活动，传播到了世界各国。1900年加拿大成为继美国之后第二个开展排球运动的国家，排球运动1905年传入古巴等拉美国家，1914年传入英国，随后传入法国、德国等欧洲国家，并且在苏联及东欧各国广泛开展。因传入欧洲时就是6人制，所以欧洲排球运动发展比较迅速，一直处于世界前列。排球运动大约在1900年传入亚洲，排球运动在亚洲的发展过程中，经历了16人制、12人制、9人制的比赛形式及相应的规则，直到20世纪50年代初才正式开展6人制排球运动。排球运动传入非洲最晚，直到1923年才传入埃及、突尼斯及摩洛哥等国。

各国排球运动的广泛开展促成了国际排球联合会（以下简称国际排联FIVB）于1947年成立，为了进一步推动排球运动的发展，1988年国际排联制定了《世界排球发展计划》：在世界各个地区建立20多个排球发展中心；发展娱乐性和健身性排球；向发展中国家赠送排球器材；向各国提供技术教材和录像资料等。1995年国际排联推出了《世界排球2001计划》：在各大洲各国树立排球为顶尖运动的形象，使排球成为观众最喜爱的运动之一；让排球引起电视网和各节目赞助商的兴趣，使排球管理机构成为现代高职业化的机构，使拥有高水平球队的国家数量不断增加，排球运动已成为当今世界上广为普及的运动项目之一。

第二节 排球运动的发展及其规则演变

一、排球运动发展的两个阶段

纵观世界排球运动发展的一百多年的历史，大致可划分为娱乐排球和竞技排球两个时期。

第一个时期从排球运动的发明至1947年国际排联成立前。这一时期国际的比赛没有统一的组织、竞赛制度、竞赛规则。此时期的排球运动有明显的地域特点：亚洲开展的是16人制、12人制和9人制排球比赛，而欧洲推行的则是6人制排球。技术动作的内容有发球、传球、扣球和拦网，战术简单。

第二个时期是从国际排联成立以来至今,① 1947年由比利时等17个国家排球协会的代表聚会法国巴黎，创建了国际排联，总部设在巴黎。第一任国际排联主席是法国人鲍尔·利伯。国际排联的成立标志着世界排球运动进入了一个有组织、有领导、有计划、迅速发展的阶段，促进了排球运动的发展和提高。此阶段排球运动从娱乐游戏时代进入竞技时代，逐渐开始举办各类比赛，排球技战术逐渐全面发展，各队水平有了很大提高。20世纪80年代，排球运动进入大变革时期，各种形式排球运动的开展，大大加快了排球的社会化、商业化和职业化的进程，促进了排球运动的发展和技、战术水平的不断提高。

在这半个世纪中，排球规则逐步形成，基本技战术日趋丰富，国际交往越来越多。国际排联于1949年在布拉格举办了第1届世界男子排球锦标赛。1952年在莫斯科举办了第1届世界女子排球锦标赛，1964年东京奥运会上排球被列为奥运会正式比赛项目，在该届奥运会男女参赛队伍分别为10支和6支②。1965年在华沙举办了第1届男子世界杯排球赛，1973年在乌拉圭举办了第1届女子世界杯赛。至此，形成排球锦标赛、世界杯排球赛、奥运会排球赛3项世界大赛制度，这3项赛事每隔4年举办1届。此后，世界排球大赛系列中又增加了世界男女青年锦标赛（1977年）、世界男女少年锦标赛（1989年）、世界男排联赛（1990年）和世界女排大奖赛（1993年）。

到2008年，国际排联已成为拥有220个国家和地区会员的单项体育运动联合会③。参加排球运动的人数已超过1.5亿，排球运动已成为当今世界上仅

---

① 黄汉升. 球类运动——排球. 北京：高等教育出版社，2005.

② 俞继英. 奥运会项目大全. 奥林匹克排球. 北京：人民体育出版社，2001.

③ 国际排球联合会官网 http：//www. fivb. org/EN/FIVB/org_ continentalConf. htm

次于足球的广为普及的运动项目，深受各国人民喜爱。

知识链接 3-1

国际排球联合会

1947 在巴黎召开了有 17 个国家排协代表参加的大会，正式成立国际排球联合会（FIVB）。总部设在瑞士洛桑，法国人鲍尔·利伯被选为首任主席，任职到 1984 年；而后墨西哥人阿科斯塔当选为国际排联主席，任职至 2008 年。2008 年在第 31 届国际排联大会上，中国体育界元老魏纪中接替了在位 24 年的前主席阿科斯塔，成为新任国际排联掌门人。

二、排球运动在我国的发展

（一）采用 6 人制排球前的我国排球运动

我国的排球运动始于 1905 年，最早的排球比赛是采用 16 人制，1919 年改为 12 人制。我国女子排球比赛始于 1921 年，场地大小与男子相同，只是网高为 2 米。1925 年改为 9 人制。男子比赛场地长 22 米，宽 11 米，网高 2.30 米。女子比赛场地长 18 米，宽 9 米，网高仍是 2 米。比赛时位置固定不轮换。

1913 年，我国首次参加了在菲律宾举行的第 1 届远东运动会的排球比赛，这是有史料可查的我国第一次正式国际比赛。

中国女子排球开始较晚，1921 年，在广东省运动会上首次出现。1930 年的全国运动会上被列为正式比赛项目。

9 人制排球在我国经历了 24 年之久，我国运动员创造出不少具有较高水平和实用价值的技、战术，特别是 1930 年广东选手朱祖纯和黎连楹发明了“滑球”，即当今的快球，形成了我国排球运动技、战术的特色。

（二）6 人制排球的推广和发展

新中国成立后，排球运动被作为重点体育项目在全国推广。为了适应国际比赛的需要，1950 年中华全国体育总会第一次介绍了国际排联制定的 6 人制排球竞赛规则和方法，并于同年 8 月组成了新中国的第一支男子排球队——中国大学生代表队，赴布拉格参加世界大学生第二次代表大会的排球比赛。

1953 年中国排球协会成立，张之槐任主席。1953 年 11 月张之槐、马启伟以中国排球协会的名义参加了在罗马尼亚首都布加勒斯特举行的国际排球联合会的行政会议。中国排球协会于 1952 年成为国际排联的临时会员，1953 年为正式会员，1958 年退出，1974 年恢复国际排联的会员资格。①

① 中国学校体育网 http：//www.schoolsports.com.cn/info/info.asp？info_ ID=565

1964 年，周恩来总理亲自邀请大松博文教练率日本女排来我国访问，并执教训练。贺龙副总理要求学习日本女排刻苦顽强的训练作风，明确地提出“从难、从严、从实战出发，坚持大运动量训练”的“三从一大”训练原则，极大地推动了训练工作的开展。我国排球运动呈现蒸蒸日上的大好局面。

（三）冲出亚洲、走向世界

19 世纪 70 年代初，国内开始恢复体育比赛。建立了漳州排球基地。男排创造了前飞、背飞、拉三拉四的打法；女排发展了快速反击，运动水平有了进一步的提高。

1979 年 12 月，我国男女排球队双获亚洲锦标赛冠军，并取得了参加奥运会的资格。

1981 年 3 月，中国男女排球队分别获得世界杯亚洲区预选赛的冠军。1981 年 11 月，我国女排在第 3 届世界杯赛中，7 战 7 捷首次荣获世界冠军。紧接着在 1982 年的第 9 届世界女排锦标赛中又夺金杯。在 1984 年在洛杉矶奥运会上再显神威，实现了“三连冠”。此后在 1985 年世界杯、1986 年的世界锦标赛中再次夺冠，创造了世界女子排球“五连冠”的新纪录。

我国女排的胜利不仅实现了中国排球“冲出亚洲，走向世界”的愿望，大大振奋了民族精神，而且开创了现代排球的新纪元。

此后，中国女排受新老交替等种种因素的影响，成绩有所滑坡，中国男排运动技术水平也有所下降，步入了一个发展低谷。

（四）走出低谷、重振雄风

1995 年，以赛制改革为先导迈开了排球体制改革的步伐。改革使队伍充满活力，技、战术水平明显提高。中国女排先于 1995 年拿下亚锦赛冠军和世界杯第 3 名，1996 年奥运会获得亚军，1996 年底的超霸杯六强赛中又获冠军。2004 年女排姑娘在雅典奥运会上再次获得冠军，实现了排球运动在我国的再度辉煌。雅典奥运会后国家女排进入人员调整期成绩下滑，2007 年是中国女排举步维艰的一年，虽然获得了 2007 年世界女排大奖赛亚军，但是却丢掉了垄断多年的亚洲女排锦标赛冠军，2008 年北京奥运会中国女排获得季军。近几年，中国男排成绩略有起色，2008 年北京奥运会中国男排获得了并列第 5 的好成绩。

三、排球规则的演变

（一）排球比赛规则的基本变化

1. 场地

最初排球比赛场地的大小是不确定的，有 7.62 米×15.24 米、9 米×15 米、10.5 米×22 米等，后来参加者均感到场地的不确定使排球比赛不可控的因素太多，逐渐规范为 9 米×18 米。

2. 球

最初使用的排球是篮球胆，重量为 280 ~ 311 克，圆周为 63.5 ~ 68.6 厘米，后改为柔软的白色羊皮制排球，为了体现观赏性，减少光线对球的影响，现行规则所用的球为三色（黄、白、蓝）组成，色彩多了，有利于接发球队员看清来球的旋转和电视转播的清晰，球的圆周为 65 ~ 67 厘米，球体变化不大。但由于表层质量的提高，球的飞行更稳定了，增加了比赛的连续性。球的气压从不确定→（“→”表示“变化为”）0.48 ~ 0.52 千克/（厘米）^{2}→0.40 ~ 0.45 千克/（厘米）^{2}→0.30 ~ 0.325 千克/（厘米）^{2}，气压的降低使球的飞行速度有所降低，有利于提高比赛的连续性和观赏性。

3. 暂停次数

从 3 次/局（每队）、1 分钟/次→2 次/局、30 秒/次，同时增加了技术暂停 1 ~ 4 局，由每局 60 秒×1 次→每局 30 ~ 60 秒×2 次，决胜局无技术暂停，增加了比赛的对抗性和观赏性，也有利于电视的转播，同时也体现了现代社会以人为本的体育竞赛精神。

4. 拦网

从允许拦网队员过网拦→本方拦网触球后可再击球 3 次过网→不允许拦发球，使比赛的不间断性提高了。

5. 标志杆

从没有→两杆在网上的间距为 9.40→9.00 米，降低了空中击球后落地时的风险性（队员与立柱接触的危险）。

6. 发球区

从原来的 3 米→端线后的 9 米，增加了发球的点、线、面，使发球技术和接发球技术均得到了发展。

7. 身体触球

从腰部以上可以触球→膝关节以上可以触球→身体的任何部位均可触球，使防守技术不断提高，防守区域不断扩大，比赛的精彩程度提高。

8. 连击

连击的尺度不断放宽→取消第一次击球时的连击（上手传球除外），增强了比赛的连续性，提高了激烈程度。

9. 持球

从球必须被击出、弹出→不得接住或抛出→球可以向任何方向反弹，而不受动作方向的限制，尺度的放宽有利于攻守的平衡和比赛的连续。

10. 记分方法

从每局 15 分，无最高限分，发球权得分制→每局 25 分，没有最高限分，每球得分制，使比赛时间有所控制，又增加了比赛的刺激程度，更有利于电视的转播和吸引观众。

11. 后排自由防守队员

从没有后排自由防守队员→每队可以有一名后排自由防守队员→每队可以同时拥有两名后排自由防守队员，但只能一人上场，另一人为备用队员。

四、排球规则修改对排球运动的促进作用

为了吸引到更多的观众，进一步开拓商业市场，排球规则的不断修改，已成为世界体坛一个备受关注的现象。规则的不断改革给排坛带来的阵阵清风，也让身处激烈竞争氛围中的人们，在休闲时间品尝到一份可口的“快餐”，从中愉悦身心。

经过一系列的修改规则后，排球比赛的观赏性、商业性逐渐提高，比赛已经变得精彩纷呈，喜欢观看排球比赛的观众与日俱增，排球规则的修改对排球运动的促进作用主要表现在以下几点：

（一）发球点高、力量大、速度快、攻击性更强

发球是比赛的开始，是先发制人的重要手段。发球就是本方的第一攻，攻击性强的发球不但可以直接得分，还可以破坏对方的一传，影响其组织进攻，争取第一回合的主动权，减轻本方的拦网和后排防守的压力，为防守反击得分创造条件。

近几年来，不少运动员具有身高增高、弹跳力强、爆发力好、力量大和挥臂速度快等优越条件，他们喜欢采用跳起高点大力发球技术和高点平砍式发球技术，以达到先发制人、争取主动的目的。这些技术，不但男排普遍运用，在女排强队中也屡见不鲜，且已取得明显的效果。

（二）拦网滞空能力强、网上争夺更激烈

随着排球运动员身材的日趋高大、身体素质的不断提高，运动员表现出弹跳好、爆发力强、滞空时间长，手臂举得高、伸得远，拦网范围大、封阻线路多等特点。身体素质的提高使得拦网从过去纯属防御的功能变为主动进攻的一种得分手段。统计数字表明，拦网得分约占总得分的30%，个别的可占一半以上。在防守反击中，拦网成功率在40%左右，60%的扣球靠后排防守去完成。因此可以说，没有拦网和拦网得分，比赛就不可能取胜。目前，拦网已从过去的盖、捂、包发展到密集、分散、重叠、换位、盯人、空中移位、二次起跳等技术。在拦强攻扣球时，还必须加上腰、背、肩、臂的协同用力，才能进行有效的拦截。

规则修改后，由于允许队员身体任何部位击球，使队员的防守面积扩大，减轻原来强有力的扣球给防守带来的压力，促进了攻防的平衡。扣球和拦网是排球比赛的两大主要得分手段，由于防守成功率的提高，增加了救起难险球的

数量，来回球的增加导致网上争夺更为激烈，扣球、拦网的对立也更加尖锐。

（三）垫球技术多样、实用

据统计，男队接发球失分占总失分的10%，女队约占15%，可见垫球技术对减少失分、争取胜利是非常重要的，而且准确到位的垫球技术还可以起到安定情绪、鼓舞士气、动摇对手信心的作用。自由人的使用就是为了促进攻守平衡，提高一传到位率。

近年来，随着发球技术和战术的发展，对垫球技术提出了更高的要求。无论是垫球动作、方法，还是击球的手法，都在不断地发展和完善，使垫球技术向着多样化、合理化、实用化方向发展。如双手垫球、单手垫球、侧卧横滚垫球、鱼跃垫球、顶垫球、挡垫球等垫球技术被普遍采用，有的队还采用接发球专人、专位包干的办法，使原有的接发球观点有所改变。有些优秀排球队的防守起球率可高达60%，充分体现了防守意识强、手法多、手感好、控制范围大、效果佳的特点。

新规则允许用脚踢球（身体任何部位都可触球），这是前所未有的重大修改，其目的是为了更好地防守，使排球比赛攻守趋于平衡，增加来回球，使比赛更精彩，更具观赏性。不难预料，今后在垫球技术中，足背垫球、倒勾射门式垫球等垫球新技术将应运而生。

（四）进攻的变化丰富多彩

从20世纪50年代到70年代，世界排球运动是以力量派、速度派、高度派和技巧派见长为代表的球队，并各有千秋。到了80年代以中国女排、美国男排为代表的全攻全守型打法占据了国际排坛的领先地位，它象征着一个时代的开始。过去以单一打法拿世界冠军的时代从此一去不复返了，当时五连冠的中国女排就是最好的证明。它也标志着现代排球运动的开始。

由于防守面积扩大，使得起球的成功率（包括到位和不到位垫起的球）提高，组织各种进攻的机会增多，逐渐出现了许多新的技、战术变化，除了到位球组织前排的各种进攻外，不到位而垫起的后排起球，照样能组织起各种前后排的战术进攻。单调的定点后排进攻有所改变，出现了各种后排的跑动进攻和快球进攻，后排的攻击点增多。打法由单一的实扣功能发展成为扣、吊和掩护三重功能，这样使进攻形式变得更为丰富多彩以避开对方的高大拦网。

当今世界排球强队的二传技、战术表现出更加娴熟、动作隐蔽、分球合理、速度快、应变能力强、击球点升高等特点。有些优秀的二传手还采用单手或双手跳起传球，以争取时间，加快进攻的速度，突破对方拦网，争取比赛的胜利。传球飞行的速度越来越快，这也使得进攻节奏越来越快。

进攻一方为摆脱对方强有力的拦网，后排的高举强攻已为各排球强队普遍采用，并且发挥出较大的进攻威力。

随着运动员身材的高大化，弹跳素质的增强，排球的快攻已经从前沿推向纵深，做到前后排互相掩护，高快结合，前后结合，以避开对方的盯人拦网和盖帽式拦网，达到克敌制胜的目的。

（五）现代排球运动的内容与形式更加丰富

要把排球培养成第一大球，观众是第一位的，只有把观众都吸引过来，才有可能成为第一大球。因此现代排球运动的本身不仅仅具有竞技意义，还应该有更强的竞赛性、更高的观赏性和吸引性。

诺贝尔经济学奖获得者赫伯特·西蒙曾对当今经济的发展趋势做过一个预测，他说："随着信息的发展，有价值的不是信息，而是注意力。"

如今，社会进入了以互联网为标志的信息时代，社会信息流量成几何级数剧增，信息传播渠道日渐扩大，信息的输出量已大大超过社会公众的接受阈限。如何千方百计地吸引人们的注意力，抓住他们的"眼球"，已经成为现今信息时代市场经济竞争的焦点。

排球走向市场化，同样追求的是观众的注意。为了抓住观众的眼球，排球运动就应该从各个方面来改革。

国际排联实行新规则后，卫星转播、国际互联网等现代媒介积极参与，不但竞赛搞得火暴，电视上也炒得热火朝天，电视广告大量介入国际大赛。可以说修改规则是影响排球运动发展方向的最重要的一个因素。

第三节 沙滩排球

一、沙滩排球的起源

沙滩排球起源于20世纪20年代，它最早出现在美国加利福尼亚州的莫尼卡海滩上。当时，人们为了躲避夏季的炎热来到海边，头顶蓝天，沐浴阳光，赤脚在金色柔软的沙滩上，尽情地跳跃、滚翻、流汗，享受着美好的时光。开始人们只是把沙滩排球作为在海滩上消闲的一种娱乐活动。进入20世纪30年代以来，沙滩排球以其运动装备简单和其特有魅力受到越来越多人的青睐，参加的人数急剧增加，沙滩排球的普及已形成一定的规模，每当夏季来临，在美洲和欧洲的海滨沙滩上，沙滩排球处处可见。此时，人们再也不满足于将它仅仅作为一种消闲娱乐活动，开始了3人、4人和6人的规则不尽一致的比赛。

二、沙滩排球的发展及推广

随着时间的推移，沙滩排球穿越大西洋传入法国，进入捷克斯洛伐克，并逐渐风靡南美洲的巴西、阿根廷以及大洋洲的澳大利亚和新西兰。当时的比赛是3对3，4对4，在莫尼卡还首次出现了2人制男子沙滩排球。20世纪50年代，沙滩排球才得以广泛发展。1951年，在加利福尼亚州的5个海滨浴场举行的沙滩排球巡回赛已具有相当规模，参加的选手达数百人。与此同时，南美的巴西也举办了首届沙滩排球锦标赛。20世纪60年代法国举行了奖金3万法郎的3人制沙滩排球巡回赛。1965年，加利福尼亚州沙滩排球协会成立，并在当地8个海滨浴场举行了公开赛。1976年，首届沙滩排球锦标赛在美国加利福尼亚州举行。1979年出现了职业沙滩排球，并涌现出一批优秀的职业沙滩排球选手。1987年2月，国际排联认可的“第一届世界沙滩排球锦标赛”在巴西的里约热内卢举行。巴西、美国、意大利、阿根廷、智利、墨西哥、日本等国沙滩排球运动员参加了比赛。

1989年，国际排联创立了2人制男子沙滩排球巡回比赛，赛场分别设在巴西、意大利和日本，首次比赛吸引了世界众多优秀沙滩排球运动员参加，并获得巨大成功。通过此次比赛，国际排联不仅将沙滩排球列为其正式竞技比赛项目，而且还确定了其最高等级的赛事为：世界沙滩排球锦标赛、世界沙滩排球大满贯赛和世界沙滩排球巡回赛。至此，沙滩排球有了统一、准确的竞赛规则，比赛采用双败淘汰赛制（从2002年起，竞赛赛制改为第一阶段分组单循环，小组前两名进入第二阶段前16名的单败淘汰赛），参赛运动员必须事先注册并通过比赛进行积分排名。

在国际排联及其220个会员协会的不懈努力下，沙滩排球运动近10多年来得以广泛普及和迅猛地发展。据资料统计，世界沙滩排球巡回赛由最初的每年5站，现已增加到了男子13站、女子12站。目前，世界上已有上百个国家和地区成立了沙滩排球组织并正式开展了沙滩排球运动，从事沙滩排球运动的运动员接近6 000万名。每年有80多个国家和地区电视转播或播放沙滩排球的赛事，收看电视的观众人数超过了5亿。这些数据表明，沙滩排球不仅是体育节目报道中的一个新的热点，而且，它作为一项大众体育项目，已成为世界上最为流行的夏季运动项目之一。

今天，应该感谢那些致力于普及和推广沙滩排球的排球组织和运动员们，他们的出色工作为这项当今风靡全球的新兴体育项目进入奥运会铺设了成功之路。1992年，沙滩排球作为表演项目首次出现在巴塞罗那奥运会上。1993年9月24日，沙滩排球被确定为奥运会的正式比赛项目。首届奥运会沙滩排球比赛于1996年在美国亚特兰大一个能容纳10 000名观众的体育场内举行。有24支男队和24支女队参加了比赛。沙滩排球在第27届和第28届奥运会中也获得了巨大的成功。随着沙滩排球运动商业化和职业化步伐的加快，沙滩排球运动在世界上的影响力也在日益增大。沙滩排球以其独特的魅力备受球迷和体育爱好者的喜爱，被誉为“21世纪最杰出的运动项目之一”。

沙滩排球以其高超的体育竞技性、出色的个人表现能力和富有青春朝气的新颖形式把观众融入比赛之中，使他们成为比赛的一部分。沙滩排球已经在《奥林匹克计划》中获得了应有的地位。沙滩排球为奥林匹克运动增添了新的运动项目，带来了新的理念。

三、沙滩排球的规则

现行沙滩排球规则中沙滩排球比赛场地为 8 米×16 米的细洁柔软的沙滩，场内没有发球区和前后排的限制。场地界线的线宽为 5 ~ 8 厘米；球为柔软不吸水的材料制成；同队队员服装要一致包括短裤或泳装，球网高度与室内排球一样，业余锻炼网高可自行确定。两名运动员要在 64 平方米的比赛场地上完成室内排球 6 名运动员共同完成的诸如发球、垫球、传球、扣球、拦网和防守等各种技术动作。

国际排联组织的两人制沙滩排球比赛，比赛规则与室内排球比赛规则的不同之处有：

1. 沙滩排球比赛一般采用 3 局 2 胜制，每球得分制。前两局先得 21 分者赢得 1 局，决胜局为 15 分。如果双方打成 20：20 或 15：15 平分时，净胜 2 分一方才能获胜。

2. 1 个队由两名队员组成。每队的两名队员必须始终在场上，没有换人。当发球队员击球时，除发球队员外，双方队员必须在本场区内，可随意站立，没有固定的位置，没有位置错误或轮转错误，但有发球次序错误。1 局比赛每队首次发球时，记录员启示发球次序，比赛中，记录员应展示发球队员 1 号或 2 号的号码牌，指明该队的发球次序。记录员发现发球次序错误，应在发球击球后立即通知裁判员。

3. 每队最多可击球 3 次，拦网触手也计 1 次击球，第三次必须将球从球网上空击回至对方场区。

4. 队员不得用手指吊球的动作来完成进攻性击球。

5. 队员用上手传球完成进攻性击球时，传球轨迹不垂直于双肩连线，即犯规。

6. 用上手传球防守急难球时，允许球在手中有短暂的停滞。当双方队员网上同时触球时可以“持球”。

7. 在不妨碍对方比赛的情况下，允许队员穿入对方空间、场区和无障碍区。

8. 任何队员在本场区空间都可以对任何高度的球进行进攻性击球。

9. 每局比赛中，每队最多可请求 1 次暂停，每次暂停时间为 30 秒，任一队员都可向裁判员提出暂停请求。在第一和第二局中，每当双方比分之和为 21 分时，有 1 次 30 秒的技术暂停。

10. 比赛中，当双方比分每积 7 分（决胜局为 5 分）时，由记录员通知裁判员，随即双方交换场区。交换场区时，没有休息时间。

11. 3 局 2 胜制比赛时，所有局间休息时间均为 1 分钟。

12. 队员在比赛过程中受伤，可给予 5 分钟的恢复时间，但 1 局比赛中最多给予同一名队员 1 次恢复时间。队员 5 分钟内没有恢复或 1 局内同一名队员超过两次恢复时间，则宣布该队为阵容不完整。即对方获胜，阵容不完整队保留其现有得分。

沙滩排球需要运动员具备良好的体能、全面的球技、优良的品质和惊人的毅力。所以，熟悉和了解沙滩排球运动的人都自豪地称沙滩排球不仅仅是一项高水平的竞技比赛，而且更是一项融休闲、娱乐和健身为一体的观赏性极强的体育运动项目。

四、我国的沙排运动发展

沙滩排球在我国开展较晚。20 世纪 80 年代末至 90 年代初，《中国排球》杂志曾举办过几次民间的国内及国际沙滩排球邀请赛。参赛队不多，水平也不高。1993 年国际奥委会正式通过沙滩排球为奥运会正式比赛项目以后，中国排球协会在 1994 年开始正式举办全国沙滩排球比赛。第 8 届全运会将沙滩排球列为正式比赛项目。虽然沙滩排球在我国起步较晚，但发展得很快。参赛队伍越来越多，规模越来越大，成绩也逐步提高，取得不小的突破，呈逐年增高的可喜态势。

1997 年首次派队参加了世界沙滩排球锦标赛。自此中国沙滩排球走向了世界。

1998 年第 13 届曼谷亚运会上，我国选手李桦/谷宏宇获得男子沙滩排球冠军。

2000 年，女子沙滩排球选手迟蓉/熊姿和张静坤/田佳通过资格赛取得了进入悉尼奥运会决赛阶段比赛的资格，最终分别取得第 9 名和第 19 名。

2001 年世界沙滩排球锦标赛上，我国女选手迟蓉/熊姿和田佳/王菲分别获得第 5 名和第 17 名。

2002 年釜山亚运会上，田佳/王菲和王露/尤文慧分别获得女子沙排冠军和亚军。李桦/赵驰程获得男子沙排第 3 名。

2003 年，在世界沙滩排球巡回赛巴厘岛站的比赛中，田佳/王菲获得了冠军，实现了历史性的突破。

2004 年，在雅典奥运会上，我国选手田佳/王菲和王露/尤文慧顺利通过资格赛的比赛进入决赛阶段的比赛，最终分别获得第 9 名和第 19 名。

2005 年，在世界沙滩排球锦标赛上，田佳/王菲获得第 3 名，这是中国沙排选手第一次登上世界 3 大赛的领奖台。

2006 年，在多哈亚运会上，男子沙排选手李健/周顺和徐林胤/吴鹏根分别获得冠军和亚军，薛晨/张希获得女子项目冠军，田佳/王洁获得第3名。

2007年，在世界沙滩排球锦标赛中，田佳/王洁获得银牌，这是迄今为止中国选手在世界沙滩排球锦标赛上取得的最好成绩，薛晨/张希获得第4名。

2008年，在北京奥运会上，女子组合喜获丰收，田佳/王洁和薛晨/张希分获亚军和季军，创造了我国沙滩排球的历史。而男子组合徐林胤/吴鹏根首次参加高手云集的奥运会进入16强也实属不易。

田佳/王洁和薛晨/张希分别在2008年世界排名达到第2和第3名，徐林胤/吴鹏根在2009年最新世界排名也攀升到了第3名，这说明了我国沙排选手水平已经达到了世界一流水准。

知识链接 3-2

软式排球运动简介

软式排球于20世纪80年代初诞生在日本的山梨县，主要是以家庭、中老年人和少年儿童为活动对象的休闲体育项目。软式排球重量轻、体积大、球体柔软，使得它不受性别、年龄、体质、技术水平的限制，可组织真正没有排球技术基础的初级比赛，使排球的基本技术如上手传球等操作起来更容易，深受不同年龄层次人们的欢迎。如今，软式排球已推广到新加坡、韩国、加拿大和美国等国家。

软式排球的场地是长为13.4米，宽为6.1米的长方形。球网高度，成人组2.2米，家庭组，如12岁以下组2.10米，10岁以下组2.00米。

每队由3～8人组成，双方上场人数相等。比赛可一局定胜负，也可采用3局2胜制。每球得分制，比赛最高比分为15分，即1个队赢得15分，同时超过对方2分时即取得这局比赛的胜利。比赛最高限分为17分，即当比分为16∶16时，先获得17分仅领先对方1分的队获胜。

我国于1995年引入日本软式排球，同年4月在北京体育大学举办了我国历史上首次软式排球比赛。1996年1月，中国排球协会宣布，中国排球协会拟大力开展沙滩排球和软式排球活动，以吸引广大青少年投身其中。2003年7月，广东省第六届大学生运动会把软式排球列为比赛项目。

思考题

1. 简述排球运动的发展历程。
2. 我国男、女排球队对世界排球运动的发展有哪些贡献？
3. 排球规则的修改对排球运动的发展有何促进作用？
4. 沙滩排球与室内6人制排球规则不同之处有哪些？

第四章　排球运动的基本技术与练习方法

章前导言

与其他球类项目相比，排球运动的技术含金量较高。开展排球活动时，练习者要保证球不要在本方场区落地，所以掌握最基本的技术是非常重要的，只有全面熟练地掌握排球技术，才能在比赛中运用自如、得心应手地发挥技、战术水平。对于一个初学者来说，掌握最基本的技术，并能够在实践中熟练应用，需要一个过程。通过对本章内容的学习，使学生对排球基本技术有一个全面的了解，并掌握排球的垫球、传球、发球、扣球以及拦网等技术。通过练习达到增强体质，增进身心健康的目的，使大学生真正地了解排球，喜欢排球，推动排球运动在高校的更进一步开展。

学习目标

1. 了解排球技术的种类。
2. 掌握各种排球技术。
3. 了解各种排球技术的练习方法。

关键词

排球技术　准备姿势　移动　垫球　传球　发球　扣球　拦网

第一节　排球技术概述

一、排球技术的概念

排球技术是指在排球规则允许的条件下，运动员采用的各种合理的击球动作和为完成击球动作所必需的其他配合动作的总称。合理的击球动作指各种直接触球的动作，如发球、垫球、传球、扣球、拦网技术，这 5 项基本击球动作又称有球技术。而各种准备姿势、移动、助跑、起跳、倒地等没有直接触及球的配合动作，又称为无球技术。无球技术起到串联衔接的作用，它是排球技术中最容易被忽视的一项重要技术，是完成各项击球技术动作的前提和基础，直接影响着击球技术动作的质量。

排球技术主要由手法和步法两部分组成。手法是指击球时手指、手腕、手臂用力和控制球的动作方法；步法是指快速灵活的脚步移动和助跑起跳动作方法。

二、排球技术的分类

排球技术分为无球技术和有球技术两大类（图4-1），共分准备姿势和移动、发球、垫球、传球、扣球、拦网 6 大项基本技术。这些技术较适合于初学者练习。

- 排球技术
  - 无球技术
    - 准备姿势
    - 移动
  - 有球技术
    - 发球
    - 垫球
    - 传球
    - 扣球
    - 拦网

图 4-1　排球技术分类

三、排球技术的发展趋势

随着世界排球运动的迅速发展和规则的不断完善，各支运动队在排球技术上不断创新和改造形成自己独特的风格。排球技术的发展呈现出以下趋势：

1. 垫球技术多样、合理、更实用。
2. 传球技术娴熟、分球合理、动作隐蔽、变化多、传速快。
3. 发球技术趋于高点、大力、速度快、弧度平、落点刁。
4. 扣球技术体现全、高、快、狠、变。
5. 拦网技术高度化、滞空化、手形合理化。①

① 黄汉升. 球类运动——排球. 北京：高等教育出版社，2005.

第二节　准备姿势和移动

一、准备姿势

准备姿势是指为了便于完成各种技术动作而采取的合理的身体姿势。合理的准备姿势是指既要使身体重心处于相对稳定的状态，又要便于移动和完成各种击球动作，为迅速起动、快速移动及准确击球创造最好条件。按照身体重心的高低，准备姿势可分为以下三种：

1. 半蹲准备姿势

这是排球比赛最基本的准备姿势，多用于接发球、拦网和各种传球（图 4–2）。

技术要点：两脚左右开立，比肩稍宽，一脚稍前，两脚尖适当内收，脚跟稍提起，膝关节保持一定的弯曲度。上体前倾，重心靠前，腹部稍内收，膝的垂直线应在脚尖前面。两臂放松，自然弯曲，双手置于腹前。全身肌肉适当放松，两眼注视来球，两脚始终保持微动。

2. 稍蹲准备姿势

一般用于扣球助跑之前或对方正在组织进攻，不需要快速反应起动的时候（图 4–3）。

技术要点：两脚位置与姿势和半蹲准备姿势相同。身体重心较半蹲准备姿势稍高。两臂屈肘程度较小。

图 4–2　半蹲

图 4–3　稍蹲

图 4–4　低蹲

3. 低蹲准备姿势

主要用于后排防守、进攻保护、拦网保护及衔接各种倒地动作的接球（图 4–4）。

技术要点：两脚左右、前后的距离比半蹲要大，膝部弯曲的程度更大。低蹲准备姿势较半蹲准备姿势身体重心更低，且更靠前。肩部垂直线过膝，膝部垂直线超过脚尖。手置于腹部之前。

二、移动

移动是指脚从起动到制动的过程。移动的目的主要是及时接近球，保持好人与球的位置关系，以便击球。快速的移动可以为击球争取时间和空间。

移动包括起动、移动步法和制动 3 个环节。移动步法包括并步与滑步、交叉步、跨步与跨跳步、跑步、综合步 5 种。

（一）起动

起动是指移动的开始动作。其技术要点是：在准备姿势状态下收腹和上体前（侧）倾，使身体重心前（侧）移。重心降低，脚前（侧）移，使身体失去平衡。向前（侧）抬腿，身体失去平衡而前（侧）倾，达到了起动的目的。起动时的主要动力来源于蹬地腿的肌肉爆发式的收缩。蹬地腿预先拉长的肌肉爆发力越大，起动就越快。

（二）移动步法

1. 并步与滑步

并步是指短距离的脚步并列移动，滑步是指连续的并步移动。并步主要用于近距离的传、垫球，滑步主要用于稍远距离的传、垫球。其技术要点是：向来球方向跨出一步，另一脚迅速有力地蹬地，并跟上呈准备姿势。并步移动时身体重心水平移动。当来球较远时，使用连续并步，即滑步移动（图 4-5）。

① ② ③ ④

图 4-5 并步、滑步

2. 跨步与跨跳步

跨步与跨跳步是同一类动作。跨步是指向来球方向跨出一大步的移动方法，跨跳步是指在跨步动作的基础上伴有跳跃的技术动作。

跨步主要用于接体侧、体前低且速度快的来球。其技术要点是利用后腿蹬地力量，向来球方向跨出一大步，膝部弯曲。上体前倾，身体重心移至前腿上，后腿留在体后。跨跳步是在跨步的基础上，后脚向来球方向蹬离地面，有一个腾空阶段。前脚落地后迅速屈膝，后脚及时跟上，同时降低重心，上体前倾，准备击球（图 4-6）。

图 4-6　跨步、跨跳步

3. 交叉步

交叉步是指腿部交叉移动的技术动作。当来球距体侧 3 米左右时，可采用交叉步。其特点是步子大，动作快，制动强。其技术要点是上体稍倾向来球方向，远侧脚从近侧脚前面向来球方向交叉迈出一步。近侧脚再向来球方向跨出一大步。同时身体转向来球方向，成击球前准备姿势（图 4-7）。

图 4-7　交叉步

4. 跑步

跑步是指跑动击远距离球的技术动作。当球距离身体很远时，可采用跑步。其技术要点是当来球在侧方或后方，可采用侧身跑或边转身边跑。当来球是在体后的高球时，可采用后退跑。跑动时，重心平稳，两臂配合摆动，不要过早做击球动作。跑动到位后，控制身体平衡，成击球准备姿势。

（三）制动

制动是移动的结束，也是击球动作的开始。在快速移动后，为了保持稳定的击球姿势，必须经过制动，克服身体移动的惯性，以便于完成下一个击球动作。制动可分为一步制动法和两步制动法。其基本技术要点是制动时，在移动最后跨出一大步，同时降低重心，膝部和脚尖适当内转，全脚掌横向蹬地，以抵住身体重心继续移动的惯性。以腰、腹力量控制上体，使身体重心的垂直线停落在脚的支撑面以内（图 4-8）。

图 4-8　制动

三、准备姿势和移动的练习方法

（一）准备姿势练习方法

1. 教师讲解示范动作，学生模仿学习半蹲姿势后学习稍蹲、低蹲准备姿势，先让学生徒手模仿练习各种准备姿势。

2. 两人一组纠正动作练习，一人听同伴口令做准备姿势，另一人纠正其错误动作，两人交换进行。

3. 在移动中练习，让全体学生围成圆圈慢跑，听到哨声向前跨一步做半蹲—稍蹲—低蹲准备姿势。

（二）移动练习方法

1. 徒手练习，成半蹲姿势，看老师信号向老师手指方向做各种步法移动。

2. 两人一组，一人做准备姿势和移动步法，一人纠正错误动作。

3. 两人相向站立成半蹲准备姿势，双手互拉，由其中一人主动做向左、右、前、后的一步并步、跨步等移动；另一人跟着做。

4. 分组练习，分别在进攻线和中线之间做并步和跨步的移动。移动时手要触摸进攻线和中线。

5. 在场地内，采用交叉步或滑步从一侧边线移动到另一侧边线。

6. 三人一组绕三角障碍物任意跑动，一人追，两人跑（规定三人移动的步法）。

7. 两人一组，移动接对方的地滚球。

8. 结合球练习，两人一组，一人把球向前、后、左、右抛出，另一人通过排球移动步法移动到位后用双手把球接住，连续练习数次。

9. 两人一组，一人将两个球交替向两个方向抛出，另一人移动后交替将球接住并抛回。

四、友情提示

1. 练习时多做启动辅助练习，如各种姿势下的起跑。

2. 多做穿过网下的往返移动练习，教师讲清楚脚跟提起是腰、膝、踝弯曲所引起的自然动作，做姿势时身体自然放松。

3. 教师示范动作，讲清重心靠前的道理使双脚投影超过脚尖。

第三节　垫球技术

一、垫球技术的概念及作用

垫球技术是在全身协调用力的基础上，通过手臂的垫击动作，或其他身体部位的垫击动作，使来球从垫击面上反弹出去的一项排球的基本技术。

垫球主要用于接发球、接扣球、接拦回球，有时也用于组织进攻。接好发球有利于本方组织快速多变的战术，垫球是比赛争取多得分、少失分、由被动变为主动的主要技术，是稳定队员情绪，提高士气的重要手段。

垫球技术包括：正面双手垫球、体侧垫球、背垫球、挡球、跪垫、滚翻垫球、前扑垫球及鱼跃垫球等。

二、垫球技术动作

(一) 正面双手垫球

移动对准来球后，双手在腹前垫击，称为正面双手垫球。它是最基本的垫球方法（图 4-9）。

①　②　③

图 4-9　正面双手垫球

图 4-10　准备姿势

1. 准备姿势

判断清来球的落点后，迅速移动到位，对正来球，成半蹲姿势站立（图 4-10）。

2. 击球手型

两手手指重叠后，合掌互握，两拇指平行，两手掌根紧靠；或两手腕部紧靠，两手自然放松，手腕下压，两臂外翻形成一个平面（图 4-11）。

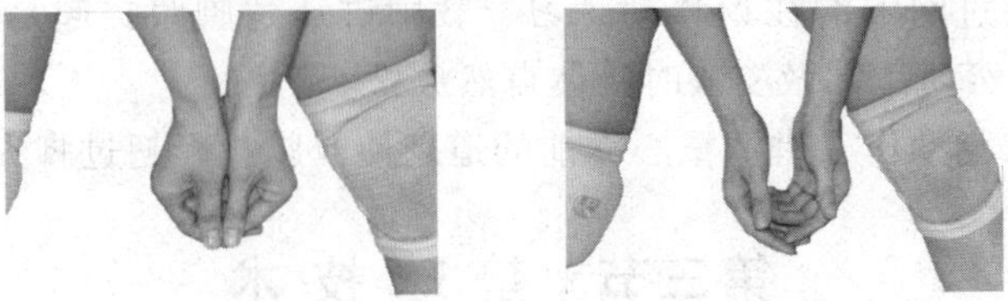

②　①

图 4-11　击球手型

3. 击球动作

当球飞到腹前一臂距离时，两臂夹紧前伸、插到球下，两脚用力蹬地，两臂垫击球的后下部。身体重心随击球动作前移控制出球的方向和落点（图 4–12）。

4. 击球点和击球部位

击球点应尽量保持在距腹前一臂距离的位置。用腕上方 10 厘米左右的两小臂桡骨内侧所构成的平面击球。这一部位肌肉弹性适中，较易稳妥地垫击来球（图 4–13）。

图 4–12　击球动作

图 4–13　击球点和击球部位

图 4–14　手臂角度

5. 手臂角度

垫球时要根据来球的角度和要求垫击的方向，运用入射角近似于反射角的原理，调整手臂与地面的角度和左右转动手臂平面来控制垫球方向。来球弧度低平，而要求垫出球的弧度也较平时，手臂与地面的角度应大；反之，应小（图 4–14）。

6. 垫击用力

垫击用力的大小与来球力量成反比，同垫出球的距离和弧度成正比，即来球力量较小，速度较慢。击球主要靠手臂上抬力量，以增加球的反弹力，如需垫出较远、弧度较高的球，还要靠蹬地、提肩动作的协调配合，抬臂送球动作也要适当增大。垫中等力量球时，迎击动作要小，速度要慢，手臂适当放松，避免弹力过大，主要靠来球本身的反弹力垫击。垫重球时，手臂要随着屈肘后撤，加长受力距离和时间，减小球给手臂单位时间的力量，以达到缓冲的目的，将球平稳地垫到预定位置。

（二）侧面垫球

当来球飞向体侧，来不及移动对准来球时，可用双臂在体侧垫击。如球向右侧飞来，左脚前脚掌内侧蹬地，右脚向右跨出一步，重心随即移至右脚上，右膝弯曲，同时两臂夹紧向右侧伸出，左肩微向下倾斜，用向左转腰和收腹的动作，配合两臂自右后方向前截住球飞行的路线，用两前臂垫击球的后下部。切忌随球向右侧摆臂击球，这样会造成球飞向侧方（图 4–15）。

③ ② ①

图 4-15 侧面垫球

（三）背垫球

背对垫出方向，从体前向背后垫球称为背垫球。一般用于一传失控后的调整球或第三次被动无攻击过网球。

背向垫球时，要判断好球的飞行方向，迅速移动到球的落点上，背对出球方向，两臂夹紧伸直，击球点最好高于肩。击球时要抬头挺胸，展腹后仰，直臂向上方摆动抬送（图 4-16）。在背垫低球时，可用屈肘、翘腕的动作，以虎口处将球向后上方垫起。

图 4-16 背垫球

图 4-17 单手垫球

（四）单手垫球

在比赛中，来不及移动到位用双手垫球时可采用单手垫球，以扩大控制范围。不足之处是触球面小，控球能力差，最好在无法用双手垫球的情况下采用。

当来球飞向右侧较远处时，迅速跑步接近球，然后右脚跨出一大步，上体向右倾斜，右臂伸直，自右后方向前摆动，用前臂内侧、掌根或虎口处垫击球的后下部（图 4-17）。

*（五）跪垫①

跪垫适用于来球低而远时使用。动作方法：在低蹲准备姿势的基础上，向来球方向跨出一步，跨出腿膝关节外展，后腿脚内侧和膝关节内侧着地，以支撑身体平衡，上体尽量前倾，塌腰塌肩，屈肘，使两臂贴近地面插入球下，用翘腕动作及双手虎口部位将球垫起（图 4-18）。

图 4-18

*（六）前扑垫球

当来球低而远，来不及移步垫球时，采用向前扑出，完成击球动作，然后手掌扶地，曲肘支撑，称为前扑垫球。前扑垫球的特点是防守的控制范围大，应用广泛，易于掌握，特别是女子做前扑更为合适。

做前扑垫球时，应用低蹲准备姿势，身体重心下降，上体前倾，利用前脚掌用力蹬地，使身体向前下方来球处伸展扑出。同时向前伸出双手或单手插入球下，利用提肩，抬臂动作将球垫起。击球后，双手在体前着地支撑，两肘缓慢弯曲，以缓冲身体下落力量，同时抬头、挺胸、展腹，以胸腹先着地，切忌有含胸、屈膝的动作，以防着地时受伤（图 4-19）。

③　　②　　①

图 4-19　前扑垫球

（七）挡球

当来球较高，力量较大，不便于传球或垫球时，用手掌在胸、肩部以上挡击来球的动作称挡球。挡球主要用于防守时接高于肩的球。运用此技术可扩大控制范围，提高防守效果。

挡球手法是两肘弯曲，两虎口交叉，两掌外侧朝前，合并成勺形。手腕后仰，以掌外侧和掌根组成的平面挡击球的后下部。击球时，手腕紧张，用力适度，击球点应保持在前额或两侧肩上（图 4-20）。

---

① 加“＊”号的为选学技术项目。

③ ② ①

图 4-20　挡球

*(八) 滚翻垫球

当来球低、距球远时，可采用滚翻垫球。这样可以充分发挥移动速度，保护身体不至于受伤，并可迅速起立进入下一个动作。击球时，可采用单手或双手击球。

滚翻垫球在接球时迅速向来球方向移动，跨出一大步，重心下降，上体前倾，胸部接近大腿，使重心完全落在跨出腿上。手臂伸向来球方向，同时两腿蹬地向前用力，使身体向来球方向伸展，前臂插在球下，用双手或单手击球的后下部。击球后，在身体失去支撑的情况下，顺势转体，依次用大腿外侧、臀部外侧、背部、跨出脚的异侧肩着地，同时低头、收腹团身。通过跨出脚异侧肩的肩部做后滚翻动作，并顺势迅速站起，做好下一个动作的准备（图 4-21）。

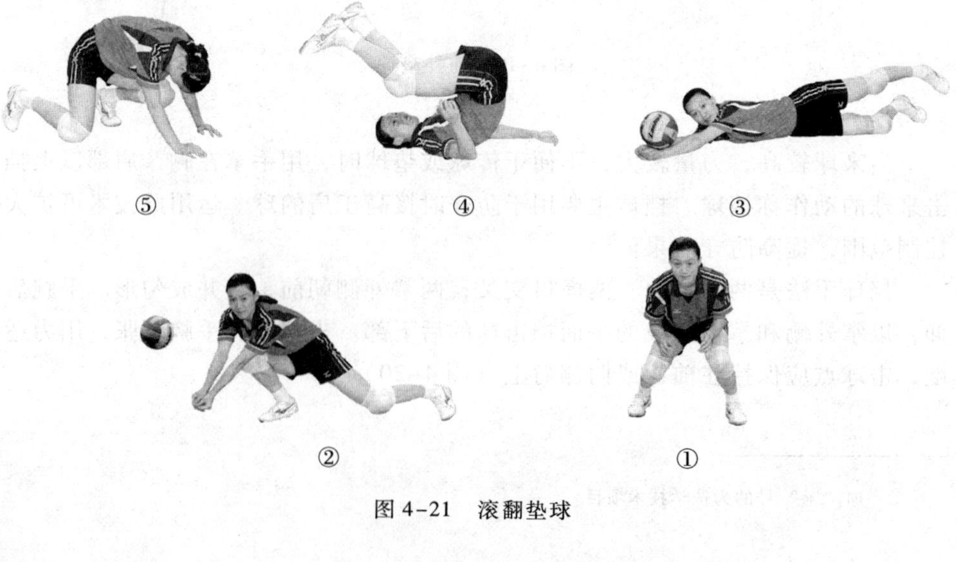

⑤ ④ ③

② ①

图 4-21　滚翻垫球

（九）脚垫球技术

脚垫球主要是当来球远而低、变化突然、时间短促，无法用其他垫球技术来击球时采用，属应急性技术动作。脚垫球主要有脚背和脚内侧垫球两种。

1. 脚背垫球

动作方法是以一脚为支撑，另一脚迅速向来球方向伸去，利用伸大腿、摆小腿的动作，使脚背插入球下。击球时，利用小腿继续上摆、脚踝上挑的动作，以脚背上部触球的下部（或侧下部）将球垫起。脚背垫球后，若身体失去平衡，可采用侧倒坐地或后倒坐地等动作来自我保护（图 4–22）。

图 4–22　脚背垫球

图 4–23　脚内侧垫球

2. 脚内侧垫球

动作方法与脚背垫球相似，但在击球时，脚尖要上翘，脚踝紧张，以脚内侧部位垫球的后下部（图 4–23）。

三、垫球技术的练习方法

（一）徒手练习

1. 随教师口令做各种移动步法后的徒手正面、侧面等垫球动作练习。要求动作正确协调。

2. 两人 1 组，1 人做徒手垫球练习，另 1 人纠正其错误动作。

（二）垫固定球

练习时两人 1 组，1 人持球于腹前，另 1 人用正面垫球动作击球，体会击球动作要领。练习数次后两人交换练习。

（三）连击球次数比赛

练习时用单、双手连续垫球，注意击球高度的变化，主要是熟悉球性，学会控制击球力度，连击次数多者为胜（动作不限）。

（四）垫抛球

练习时两人 1 组，1 人抛球，另 1 人垫球。开始时尽量抛到腹前，难度逐渐加大，如抛到体前、体侧不远处。垫球到位 15 次后交换练习。

（五）单人垫球练习

开始可以自抛自垫练习或连续向上垫球，有一定球性后可以对墙垫球练习，与墙的距离由近及远，注意控制球的力度和动作要领。

（六）对垫练习

两人1组对垫练习，距离由近而远，判断同伴来球方向，及时移动做好准备姿势垫球。

（七）多人垫球练习

3人或3人以上，随意站位，可对面站立、成圆形站立或成三角站立，用同一球连续垫球练习。

（八）发垫练习

两人相距6~8米，可隔网，1人发球1人垫球。15次后交换练习。

（九）模拟比赛中垫球练习

两人1组，1球，1人做10个原地跳后，另1人抛球让其垫3个球，之后重复练习。直至垫到位15个好球两人再交换练习。

四、友情提示

1. 正面传球、击球时手臂并不拢，伸不直。

纠正方法：两手并拢手臂伸直用软绳绑住，做垫固定球练习，注意规范动作。

2. 臀部后坐，身体用力不协调，主要靠抬手臂的力量垫球。

纠正方法：徒手练习垫球动作，体会脚蹬地、身体重心的移动、手臂前上方击球的感觉或者多垫固定球使动作规范化。

第四节 传球技术

一、传球技术的概念与作用

利用手指、手腕的弹力和全身的协调用力将球传至一定目标的击球动作称为传球。由于手指手腕灵活、感觉灵敏，再加上接触球的面积大，因而容易掌握传出球的方向、速度、弧度和落点，准确性高，变化多。传球技术主要用于二传，为进攻创造条件，起着组织进攻的作用。传球也常常被用来接对方的推攻球、被拦回的高球和接轻发球及轻扣球，此外，还可用于二传的吊球和处理第三次球。

二、传球的种类

传球包括正面传球、背向传球、侧向传球等，如图4-24所示：

传球按传球方向分为：正面传球、背向传球、侧向传球

传球按支撑方式分为：原地传球、空中传球（跳传）

图 4-24　传球种类

三、传球技术动作

（一）正面传球

当判断来球较高和速度较慢时，通常采用正面传球。面对出球方向的传球动作，称为正面传球。它是传球中最基本的传球方法，也是运用最多的技术。因面对正面来球击球时，容易掌握传球的方向、控制球的落点，准确性和稳定性高，手和全身动作容易协调配合，是其他一切传球技术的基础。其动作由准备姿势、击球手型、击球部位、击球动作和击球后动作五个环节组成。

1. 准备姿势

传球一般采用稍蹲准备姿势。当判断来球的落点后，迅速移动接近来球。两膝微屈，抬头看球。

2. 击球手型

两肘适当分开，两手在脸的前上方自然张开成球状，并保持一定距离，手腕稍后仰，两拇指相对成“一”字型，拇指、食指相对成三角形，小指向外（图 4-25）。

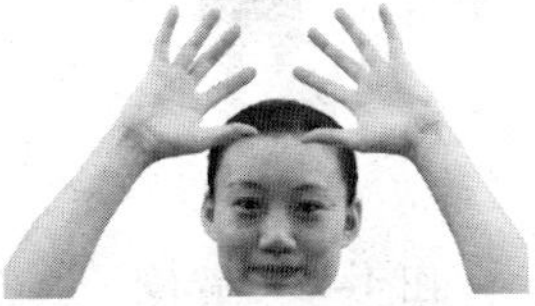

图 4-25　击球手型

②　①

图 4-26　击球部位

3. 击球部位

以拇指的内侧、食指的全部、中指的第二、三指节触球的后下部，并以无名指和小指的两侧辅助控制出球的方向。击球点在额头前上方约一球的距离（图 4-26）。

4. 击球动作

当来球接近额前时，开始蹬地、伸膝，两手微张经脸前向上方迎球。当手接触来球时，两手肌肉适度紧张，对来球的力量做适当缓冲，然后通过蹬地、伸膝、伸腰、伸臂、伸肘的合力和手指、手腕的反弹力将球平稳地传出（图 4-27）。

④　　③　　②　　①

图 4-27　击球动作

5. 击球后动作

将球传出后，身体随击球动作自然伸展，重心前移、升高，保持传球手型片刻，还原准备姿势，以便衔接下一个动作（图 4-28）。

②　　①

图 4-28　击球后的动作

图 4-29　背传

（二）背传

背对传球目标的传球动作称为背传（图 4-29）。背传主要应用于二传的组织进攻。由于背传时看不到传球目标，传球前必须先观察判断好传球的方向和距离，尽量使背部正对传球目标。其技术要点是：

1. 身体比正面传球时稍后仰，身体重心在两脚之间。

2. 双手上举，掌心稍向上，手腕稍后仰。

3. 击球点保持在额上方，触球时，手型与正面传球相同。

4. 利用蹬地、上体后仰、挺胸、展腹、抬臂及手腕、手指的弹力将球向身体后上方送出。

5. 击球时，拇指应适当用力，以控制出球的落点。

（三）侧传

身体侧对传球目标，并将球向体侧方向传出的传球称为侧传（图4-30）。侧传主要用于传近网球。其技术要点是：

1. 迎球动作、手型与正面传球相同。
2. 击球点在身体侧上方。
3. 出球方向一侧的手臂低一些，另一侧则要高些。
4. 击球时，蹬地后上体向出球方向倾斜，双臂向传出一侧用力协调伸展，异侧的手臂动作幅度要大一些。

图4-30　侧传

（四）跳传

跳起在空中进行的各种传球称为跳传（图4-31）。大多数为双手跳传，也可单手跳传。它主要应用于网前或网上的传球及二传的组织。跳传可以加快进攻节奏，同时具有一定的隐蔽性。其技术要点是：

1. 掌握好起跳时机，向上垂直跳起。
2. 跳起后身体在空中保持平衡，双臂上摆至脸前。
3. 当身体上升到最高点时，靠伸臂的力量和手腕手指的弹力将球传出。
4. 击球后身体缓冲落地。

③　②　①

图4-31　跳传

四、传球技术的应用①

传球在组织进攻中一般是第二次击球故称二传，二传发挥得好坏直接影响进攻战术的发挥。

---

① 黄汉升. 球类运动——排球. 北京：高等教育出版社，2001.

1. 顺网正面二传技术

顺网正面二传技术是二传中最简单、最常用的技术。由于一传多来自后场，二传队员需要改变来球方向，以使球便于扣球队员起跳扣球。当一传来球时，二传队员身体要适当转向传出方向，尽量保持正面传球，传球动作和正面上手传球相同。球出手后顺网飞行，根据扣球人或战术的需要可以适当调整出球的方向和弧度。

2. 调整二传技术

将一传不到位、离网较远的球调整成为便于扣球队员进攻的近网球称为调整二传。在比赛中，接发球及防守后球不到位的情况很多，因而场上每个队员都有做调整二传的任务，在大多数情况下是由接应队员来完成调整二传任务的。

调整传球时，首先要注意传球方向：传球路线与网形成的夹角越小，扣球越方便，不宜垂直向网传球。其次要注意传球弧度：传球路线与网的夹角越大或传球人离扣球人越近，传球的弧度应越高。传球动作同正面上手传球动作。当传球距离较远，弧度较高时，要充分利用蹬地、展体、伸臂及屈腕的全身协调力量。传球前要根据传球点和扣球人的位置来确定传球方向，一般要求调整传球不要太拉开，以便扣球队员上步扣球。

3. 背向二传技术

背向二传可以利用网子的全长，增加进攻机会和进攻点，并具有一定的隐蔽性和突然性。如果运用得好，可以提高进攻战术。传球的队员要及时移动到球下背对传球方向，因为背向二传时无法观察传出的目标，故要学会善于利用球网等参照物确定自己的位置和传球方向，同时靠“手感”控制传球的角度、速度和落点。一般背传拉开高球要充分利用展腹、挺胸和向后上方抬肩伸臂动作推送球。

4. 侧向二传技术

二传队员背对球网向两侧做的传球称侧向二传，这种传球适用于来球近网或平冲网的球，可以增加进攻的隐蔽性和突然性，也可用于二传吊球，但难度较大，准确性差，不便于控制球。

5. 传一般快球技术

传出弧度低、进攻节奏快的二传球称传快球，这是一项比较复杂的传球技术。传球时，二传队员必须根据一传的弧度、速度和扣球队员的助跑路线、上步速度、起跳时间和手臂挥动的快慢以及弹跳高度等来决定相应的传快球的速度、弧度、距离和出手时间，把球主动“喂”到扣球队员手上，才能获得良好的快攻效果。

传快球一般分为：传近体前快球、传背快球、传短平快球、传平拉开球、传各种集体战术进攻快球及后排进攻快球等。

五、传球技术的练习方法

（一）徒手模仿练习

练习者听到教师口令后，做传球前的准备姿势、传球时身体协调延伸动作和传球手型的模仿练习。或分组练习相互检查纠正错误动作。

（二）传固定球

两人1组，1人按传球手型持球于额前，向前上方做推送动作；另1人用单手压住球，给球以一定的力量。体会传球手型和身体的协调用力。

（三）自抛自传练习

每人1球，向自己头顶上方抛球然后用传球手型接住，自我检查接球的手型，不断纠正逐渐形成规范的动作手型。手型规范后逐渐过渡到连续向上自传。

（四）近距离对墙连续传球练习

主要是建立正确的手型，体会手指手腕的发力。

（五）对传练习

两人1组，1人抛球，另1人做好传球的手型、接住来球，然后传给对方，体会传球手型和发力过程。熟练后改为两人连续对传练习。想做二传的同学还可跳起传球，练习一下跳传球。

（六）连续传球练习

两人间隔4~6米，连续做传球练习，注意传球弧度和方向的变化，要会传各种情况下的球。

（七）移动后传球练习

两人1组，由同伴抛球，练习者移动后传球。抛球者可将球抛至跑动传球者的左右侧或前后方，与传球者距离不要太远即可。

（八）背传练习

3人1组成列站立，两边的人给中间的人传球，中间的人要及时转向并把球背传给后侧的同伴，连续练习后换人到中间练习背传球。

（九）网前二传球练习

4人1组，二传手站在3号位的二传位置，6、4、2号位各站1人。由6号位专给二传队员供球，二传手把球传到4或2号位，4、2号位再把球传到6号位，反复试做。着重培养二传手传各种战术球的能力。

（十）3人三角传球练习

主要练习侧传球的练习，要及时调整位置，注意传球的方向、弧度。

（十一）∞字传球练习

6~8人1组，进行移动中的跑∞字传球练习。

（十二）传垫结合练习

两人或多人 1 组，进行传垫球练习，注意垫球、传球均可，只要不让球着地，同时要注意动作要领。

六、友情提示

1. 手型不正确，形不成半球状。

纠正方法：自抛自接球练习，接住球后检查手型或距墙 50 厘米左右进行连续对墙自传球练习并不断检查纠正动作。

2. 传球时有推压或拍打动作。

纠正方法：多做原地自传练习，注意体会触球感觉和对球的缓冲，增加手指手腕的力量。

3. 击球点过高或过前。

纠正方法：击球点过高，多做平传球练习。击球点过前，多做向上自传练习。

4. 背传翻腕过大，身体过多后仰。

纠正方法：自传中穿插背传，距墙 3 米，自抛自传练习。

第五节　发 球 技 术

一、发球技术的概念及作用

队员在发球区用一只手将自己抛起的球直接击入对方场区的技术动作称为发球。发球是比赛的开始，也是进攻的开始，准确而有攻击性的发球可以直接得分或破坏对方的进攻，为自己的防反创造有利条件，同时还可以鼓舞全队士气给对方增加心理压力。发球是排球比赛的一项重要的进攻性技术，它随着排球运动的发展而不断地创新和提高。

各种发球都要力争做到：抛球稳，击球准，站位、跑位固定，挥臂击球动作固定、手法准确。

二、发球技术的种类

发球技术的种类如图 4-32 所示。

发球
- 正面上手发球
- 勾手发球
- 正面上手发飘球
- 勾手发飘球
- 正面下手发球
- 侧面下手发球
- 发高吊球
- 跳发球

图 4–32　发球技术的种类

三、发球的技术动作

（一）正面下手发球（均以右手发球为例）

学发球首先要学会正面下手发球，尤其是女生，然后在此基础上学习其他发球技术。这种发球动作简单，适用于初学者，但球速慢，攻击性不强（图 4–33）。

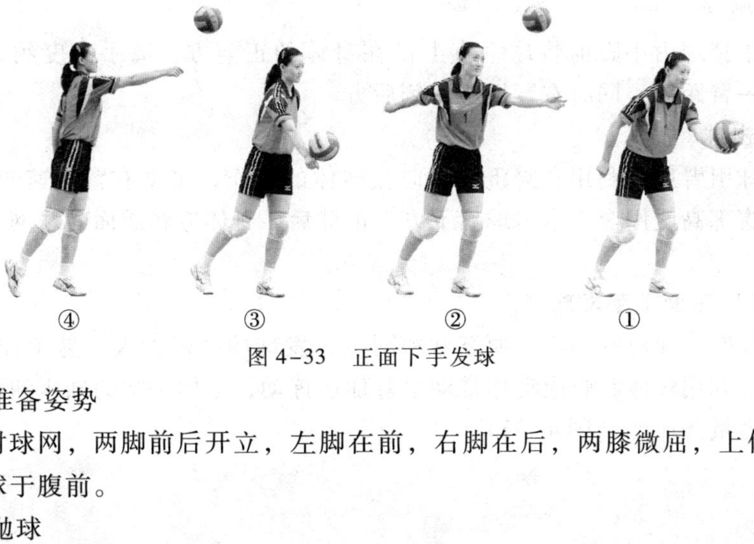

④　　③　　②　　①

图 4–33　正面下手发球

1. 准备姿势

面对球网，两脚前后开立，左脚在前，右脚在后，两膝微屈，上体前倾，左手持球于腹前。

2. 抛球

左手将球垂直上抛约 20 厘米高度，至右肩的前下方，在抛球的同时，右臂伸直后摆，身体重心也适当后移。

3. 击球

以肩为轴，手臂由后经下方向前摆动，身体重心也随之前移，在右肩的前下方体前腹部高度用全手掌击球的后下方。击球后，随着身体重心前移之势迅速跨步入场为下一个动作做好准备。

（二）侧面下手发球

侧面下手发球在转体时借助了腰腹肌的力量，比较省力，一般适用于女生使用（图 4–34）。

④ ③ ② ①

图 4-34　侧面下手发球

1. 准备姿势

左肩对网站立，两脚左右开立与肩同宽，两膝微屈，上体稍前倾，左手持球于腹前。

2. 抛球

左手持球由小腹前将球垂直上抛在身体的正前方，离手高度约 30 厘米，离身约一臂距离，同时右臂摆至右侧后方。

3. 击球

抛球引臂后，利用右脚蹬地和向左转体的动作，带动右臂迅速向前挥动，在体前腹部高度用全手掌击球后下方。击球后，身体应转成面向球网，并顺势入场。

（三）正面上手发球

发球时，面对网站立，便于观察对方，发球的准确性大，易于控制落点，并能充分利用转体、收腹动作带动手臂加速挥动，运用手腕的推压动作，加大击球的力量和速度（图 4-35）。

④ ③ ② ①

图 4-35　正面上手发球

1. 准备姿势

面对球网，两脚自然开立，左脚在前，左手持球于体前。

2. 抛球

用抬臂和手掌的平托上送，将球平稳地垂直抛于右肩的前上方，高度适中。

3. 挥臂击球

在左手抛球的同时，右臂抬起，屈肘后引，肘与肩平，上体稍向右转动。击球时，利用脚蹬地，使上体向左转动，同时收腹，带动手臂挥动。手臂在右肩上方伸直，用全掌击球的中下部。击球时，手指自然张开吻合球，手腕要迅速主动地做推压动作，使击出的球呈上旋飞行。击球后，身体随着重心前移，迅速进场。

（四）正面上手飘球

正面上手飘球是一种使发出的球不旋转，从而使球的运行轨迹呈不规则地向前飘晃飞行的发球方法，这种发球使一传队员难以判断球的飞行路线和落点。现在上手发飘球已成为比赛中发球的主要方法，男女运动员均普遍采用（图 4-36）。

图 4-36　正面上手飘球

1. 准备姿势

与正面上手发球相同。

2. 抛球

与正面上手发球相同。但抛起球的高度离上体一臂左右距离，且高度比上手发球稍低。

3. 挥臂击球

与正面上手发球一样做鞭打动作。但击球前手臂的挥动轨迹不呈弧形，而是从后向前呈直线运动形式。击球时五指并拢，手腕稍后仰，用手掌平面击球体中下部；击球时手指紧张，手型固定，不加推压动作，击球后手臂突停前摆。

（五）勾手发飘球

勾手发飘球和发上手飘球一样，发出的球不旋转，而是在空中飘晃不定，给接发球队员造成较大的困难。这种发球技术男女皆宜，但目前较为广泛地被女运动员采用（图 4-37）。

1. 准备姿势

身体侧对网，两脚自然开立，左手持球于胸前。

2. 抛球

左手采用托送动作，将球平稳地抛在左肩前上方。不宜太高，比一臂稍高。

图 4-37　勾手发飘球

3. 挥臂击球

在抛球的同时，右臂向右侧下方摆动，上体顺势向右倾斜和转动，身体重心落在右脚上。击球时，右脚蹬地，上体向左转动发力，带动手臂挥动。挥动时，手臂伸直，手腕保持紧张，以掌根的坚硬平面，或以半握拳、拇指根等部位击球的中下部。触球后，手臂突然停止摆动，迅速进场。

(六) 跳发球

跳发球可提高发球的击球点，且身体能充分伸展和发力，加大了发球力量，增强了发球的攻击性（图 4-38）。

图 4-38　跳发球

跳发球分为跳发上旋球和跳发飘球两种。其动作方法分别为：

跳发上旋球：运动员面对球网站立于距离端线 3 ~ 4 米处。用单手或双手将球抛向前上方，离地高度 3.5 ~ 4 米，落点在端线附近。随着抛球离手向前跑动（两步或 3 步）跳起。起跳时，两臂要协调摆动，摆幅要大。击球时，利用收腹和转体动作带动手臂挥动，击球手保持在右肩前上方。手臂伸直，利用全手掌击球的中下部，利用手的推压动作，把球打成上旋飞行。击球后双膝缓冲，双脚落地，迅速入场比赛。

跳发飘球助跑距离较近，一般距端线 1.5 ~2.5 米。空中动作与跳发上旋球基本相同，只是挥臂击球动作同上手发飘球。

四、发球技术的练习方法

（一）挥臂练习

徒手练习做引臂抛球和摆臂击球动作练习，学生可按教师的口令集体做，以控制节奏。

（二）抛球练习

自抛球练习，可找一固定参照物自抛。要求平稳地向上抛，使抛出的球不旋转，高度固定。

（三）击固定球

1 人持球于击球点高度，另 1 人击球。要找准击球点和体会挥臂动作。

（四）对墙近距离发球练习

离墙 6 米左右开始发球练习，逐渐拉远距离至 9 米左右。先下手、后上手发球，注意抛球的稳定性和挥臂击球的动作。

（五）隔网发球，同时可练习传、垫球

分组，每组 6 人，发球区两侧各站 1 组，场地内可以站两组练习接发球。发球组先下手后上手发球，注意体会抛球、挥臂、击球动作，提高发球的稳定性，发 10 次界内球后，每个小组交换练习。

（六）发球稳定性比赛

每队 4 人，规定每人连续发 5 个球，发出攻击性强的球得 2 分，一般球得 1 分，界外球扣 1 分。计算哪个小组得分多，得分最少的罚做 10 个俯卧撑。

（七）设置落点的发球练习

对于练习一段时间后的练习者要提高发球难度，可以设置落点区域。如在距排球场发球区端线 10 ~12 米、12 ~14 米、14 ~16 米、16 ~18 米处分别画 A、B、C、D 区，要求发出的第一个球落在 A 区，第二个球落在 B 区，第三个球落在 C 区，第四个球落在 D 区，依次循环进行。

第六节　扣 球 技 术

一、扣球技术的概念与作用

队员跳起在空中，用一只手或手臂将本方场区上空高于球网上沿的球击

入对方场区的一种击球方法叫扣球。随着排球运动的不断发展，扣球技术也在不断完善和创新。扣球技术是排球的基本技术之一，在比赛中占有重要地位。扣球是得分的主要手段，是进攻中最积极有效的武器，是战术配合中最后一个动作，是一个队争取主动的途径及攻击力强弱的表现，是夺取胜利的关键。

二、扣球技术的分类

扣球技术按动作方法可分为：正面扣球、勾手扣球、单脚起跳扣球；按区域又可分为：前排扣球、后排扣球。一般我们可按用途分类及其变化划分，如图 4-39 所示。

- 扣球按用途分类及变化
  - 快球
    - 近体快
    - 背快
    - 短平快
    - 背平快
    - 平拉开球
    - 半快球
    - 调整快球
    - 单脚跳快球
  - 自我掩护扣球
    - 时间差
    - 位置差
    - 空间差
  - 其他运用变化
    - 近网扣球
    - 远网扣球
    - 调整扣球
    - 转体扣球
    - 转腕扣球
    - 打手出界
    - 超手扣球
    - 吊球
    - 轻扣球

图 4-39　扣球技术按用途分类及变化的分类

三、扣球技术动作

（一）正面扣球技术（均以右手扣球为例）

正面扣球是扣球中的一种基本方法。扣球时面对球网，便于观察，准确性高。由于挥臂动作灵活，能根据对方防守情况，随时改变扣球路线和力量，便于控制球的落点，因而进攻效果较好（图 4-40）。

图 4-40　正面扣球

正面扣球动作结构包括：准备姿势、助跑、起跳、空中击球和落地缓冲几个互相衔接的部分。

1. 准备姿势

扣球助跑前采用稍蹲姿势，两臂自然下垂，站在离网 3 米左右处，身体转向来球方向，观察来球，做好向各个方向助跑起跳的准备。

2. 助跑

助跑开始时，左脚先向前迈出一步，紧接着右脚再快速跨出一大步，左脚及时并步，踏在右脚之前，两脚尖稍向右转。两臂绕体侧向上引摆。

3. 起跳

在助跑跨出最后一步（即第二步），左脚并步踏地制动的同时，两臂自后积极前摆，随着双腿蹬地向上起跳，两臂配合起跳有力地向上摆动。

4. 空中击球

起跳后，挺胸展腹，上体稍向右转，右臂向后上方抬起，身体成反弓形。挥臂时，以迅速转体、收腹动作发力，依次带动肩、肘、腕各部位关节向前上方成鞭甩动作挥动。击球时，五指微张，以掌心为主，全掌包满球，在手臂伸直的最高点的前上方击球的后中部，同时主动用力屈腕、屈指向前推压，使扣出的球呈上旋。

5. 落地缓冲

落地时，以两脚前脚掌先着地再迅速过渡到全脚掌着地，同时顺势屈膝、收腹以缓冲下落的力量，落地后立即做好下一个动作的准备。

*（二）快球技术

快球是我国的传统打法。它是扣球队员在二传队员传球前或传球的同时起跳，并迅速把二传队员传来的球击入对方场区的一种扣球方法。这种扣球速度快，时间短，突然性强，能够在时间和空间上争取主动。

快球可以分为：近体快球、背快、短平快、背短平快、背平快、平拉开、调整快、后排快和单脚背快等。不管哪种快球，助跑的步法、节奏要快速而灵活、起跳时间要准确，击球时上体和挥臂动作幅度要小一些，主要利用前臂和手腕的加速甩动击球。

以近体快球为例：扣球队员在二传队员体前或体侧约50厘米处扣的快球，统称为近体快球。这种快球的二传距离最近，因而速度快、节奏快，有实扣效果和掩护作用。近体快球要随一传的球同时助跑到网前，助跑的角度一般与网成45°角左右。当二传队员传球时，扣球队员应在二传队员体前近网处迅速起跳。紧接着快速挥臂，将刚刚传出网口的球立即扣过网去。击球时，利用含胸收腹动作带动前臂和手腕迅速挥甩，用全手掌击球的后上部。

（三）吊球

吊球也是扣球技术的一种变化，多用在球近网时或二传处理两次球时。在比赛中与大力扣球结合使用，会起到意想不到的效果。吊球时应先做扣球动作，再突然改为吊球，绝不能过早暴露吊球意图。吊球时手臂伸直至头部前上方最高点，以灵活的手指和手腕动作，用指尖快速击球的后部（高压吊球打球的后上部），使球恰好越过拦网手落到对方的空当区域。切忌触球后改变方向或触球点低于网口。

（四）调整扣球技术

扣从后场区调整传到网前的球称为调整扣球。这是检验主攻手水平的一项技术，因为越在激烈的比赛中，一传不到位的情况会越多，所以调整扣球的机会越多，如果能突破对手拦网靠调整强攻得分可以削弱对方的士气。

扣球是排球基本技术中种类较多、最复杂的一项基本技术，因此一定要认真掌握动作要领，在指导员的帮助下练习，效果较好。

四、扣球技术的练习方法

（一）徒手模仿练习

助跑起跳摆臂练习，熟练助跑、摆臂动作。

（二）无球助跑扣球练习

分组，4～6人1组，在网前做一步起跳摆臂练习，二步起跳摆臂练习。听口令一起做，注意互相控制，不要前冲触网或碰到他人。

（三）徒手快速挥臂练习

挥臂打一定高度的树叶，要体会鞭甩动作，或把球吊在篮筐上手臂可以触及的高度，做快速挥臂扣球动作。

（四）单人对墙扣球练习

自抛自扣或连续扣球，注意体会挥臂动作，手掌包住球。或两人1组对地扣反弹球练习。

（五）矮网扣球练习

两人1组，网可以适当降低，1人抛球、1人助跑扣球练习，在空中完成挥臂击球动作，体会动作要领。

（六）上网4号位扣抛球练习

1人抛球，其他同学在4号位排队等待扣球，注意助跑、起跳、空中挥臂击球及落地后的缓冲动作，身体不要触网。当抛球不是很理想时可改做吊球练习。

（七）扣快球练习

可根据自身条件有选择地练习扣快球技术。方法同上网4号位扣抛球练习，不做重点要求。

（八）结合传球练习扣球

固定1名传球好的队员在3号位传球，二传将后排同伴抛来的球传至4号位，4号位助跑起跳扣二传传起的球。重复练习。

（九）打垫练习

传球、垫球、扣球基本技术已学完，可以把各种技术结合起来练习。两人或多人综合运用传球、垫球、扣球技术完成连续击球，需要有人传、垫起高球，以便同伴扣球，让对方练习垫扣球。

五、友情提示

1. 助跑起跳时间不准

纠正方法：开始时听教师信号开始助跑、起跳、扣抛球练习，逐渐自己摸索起跳时间。

2. 起跳前冲，击球点偏后

纠正方法：练习助跑时最后一步跨大一些，向上起跳，或直接在网前起跳，做扣固定球练习。

3. 手包不住球

纠正方法：把球固定在击球位置做挥臂击球动作，练习击球手法。熟悉后独自对墙连续击球，注意五指分开，自然放松，手包住球。

第七节 拦网技术

一、拦网技术的概念及作用

用手、手臂或腰部以上其他部位，在球网附近且高于球网上沿的位置，试图阻拦过网的球，并触及球的技术称为拦网技术。

拦网技术是排球运动的基本技术之一，具有强烈的攻击性。拦网是防守的第一道防线，是反攻的重要环节。拦网可以直接拦死、拦回对方的扣球，削弱对方的锐气，动摇对方的信心，给对方造成心理上的压力。同时有效的拦网可以缓解后排防守的压力，为接好一传、组织有效的反攻提供条件。

二、拦网的技术动作

拦网分为单人拦网和集体拦网两种形式，其个人技术动作是基本相同的，只是集体拦网更注重相互之间的配合与协作。

（一）单人拦网

单人拦网如图 4-41 所示。

③　　②　　①

图 4-41　单人拦网

1. 准备姿势

两脚左右开立约与肩同宽，两膝弯曲，上体稍前倾，重心落在两脚之间或两前脚掌上，两臂自然放松屈于胸前。

2. 站位

4 号位拦网队员应站在距边线 1.5 米处；3 号位拦网队员站在距中线 20 ~ 30 厘米处；2 号位队员应站在距边线 1.5 米处。

3. 移动

为了及时对正来球，可采用并步移动、交叉步移动、滑步移动及跑步等多种步法迅速移动到位，准备起跳。

4. 起跳

起跳时，两腿屈膝，重心降低，随即两脚用力蹬地。两臂以肩发力，以大臂为半径，在体侧做屈臂小弧形摆动，两臂随着上举。身体充分伸展向上腾起。

5. 空中击球

手臂动作：随着身体向上腾起，两手经由脸前向上伸直，两臂之间的距离应以不漏球为宜。

击球手型：两手掌伸展，五指自然张开稍紧张。

拦击动作：在拦击球时，向上提肩，手臂尽量上伸，两手指紧张，拇指、小指尽量外伸，并且尽可能地包住球，手腕主动下压，把球拦到对方场区。

在 2、4 号位拦网时，外侧手应稍转向场内，以防对方打手出界，造成拦网失误。

6. 落地

如已将球拦回，则可面对对方，双脚落地，屈膝缓冲。如未能拦到球，则在下落时就要随球转头，并以转头方向相反的一只脚先横过来落地，随即转身面向后场，准备接应来球或做下一个动作的准备。

（二）集体拦网

集体拦网除上述个人拦网技术的要求外，应着重注意互相协作配合。两人中间不能漏球，集体拦网可分为双人拦网和三人拦网两种。

1. 双人拦网

双人拦网是集体拦网的主要形式。主要由 2、3 号位或 3、4 号位队员组成。根据对方不同的进攻位置，其具体分工也不同。当对方从 4 号位组成拉开进攻时，应以本方 2 号位为主，3 号位队员移动靠拢协同配合组成双人拦网；如果球较集中，则以 3 号位队员为主，2 号位队员配合拦网；当对方从 3 号位进攻时，一般应以本方 3 号位为主，4 号位队员协同配合；拦对方从 2 号位进攻，则以本方 4 号位队员为主，3 号位队员协同配合拦网（图 4–42）。

图 4–42　双人拦网

图 4–43　三人拦网

2. 三人拦网

三人拦网，多在对方高点强攻的情况下运用。在组成三人拦网时，不论对方从哪个位置进攻，都应以本方 3 号位队员为主拦者，两边队员主动配合，集体起跳拦网（图 4–43）。

三、拦网技术的练习方法

1. 在网前做原地起跳拦网练习。

2. 两人 1 组隔网相对，顺网从一侧采用合理的移动步法移动至另一侧，在 2、3、4 号位起跳拦网，要求两人在网上拍手，同时手臂不要触网。

3. 低网 1 人持固定球，学生依次移动起跳拦固定球练习。

4. 单人无球移动拦网练习，单人在 3 号位站立，除拦 3 号位的快球外，还要移动拦 4、2 号位的一般扣球。

5. 矮网扣球、拦网练习，要求扣球准确，拦网尽量不用起跳，注意手臂、手型的拦球动作。

6. 学生分两组，一组在 4 号位扣一般弧度、较为集中的球，另一组在网对面场地 2 号位轮流拦网练习。注意控制身体，手臂不要触网。

7. 双人配合拦网练习

（1）两人先在网前原地起跳配合拦网，注意两人之间缝隙要适中。

（2）移动中双人拦网：4、3、2 号位各站 1 名拦网队员，由 3 号位队员先徒手向 4 或 2 号位移动，做双人配合徒于拦网练习。练习一段时间后，再结合扣球试做双人移动后起跳配合拦网。

8. 3 打 3 拦网练习

学生分两队，每队 3 个人，全攻全拦，每队连续拦对方进攻 10 次后交换练习。

四、友情提示

1. 手下压触网

纠正方法：拦固定球或用低网拦扣球练习，注意用提肩屈腕将球拦下。

2. 拦网时低头闭眼

纠正方法：从隔网拦抛球过渡到拦扣球，眼看扣球队员的出手方向。

3. 起跳时间不对，过早或过晚

纠正方法：运用信号刺激，提高判断起跳时间的准确性，在练习中分析各种扣球的起跳时机，反复体会拦网的起跳时间。

思考题

1. 准备姿势与移动对完成各项击球技术有何意义？
2. 垫球技术的练习方法有哪些？
3. 正面上手发球和正面上手发飘球有哪些主要的异同点？
4. 正面传球有哪些技术环节？
5. 为什么说扣球是排球技术中攻击性最强的一项技术？
6. 拦网在比赛中的地位如何？

第五章　排球运动的基本战术与练习方法

章前导言

排球锻炼者掌握一定基本技术之后就可以进行网上对抗了，本队运用各种各样的传接球串联配合将球击到对方场区，同时又要通过运用不同方式的接球和拦网将对方发、扣过来的球组织起有力的反击，从而形成战术配合。战术配合是排球锻炼和比赛的精华部分，它可以使参加者深层次地了解这项运动，解读进行排球锻炼所带来的无穷乐趣。现今排球运动全攻全守的打法正是这项运动的魅力所在。

学习目标

1. 应用排球锻炼中所掌握的基本技术组织进攻配合。
2. 了解进攻套路与防守阵型。

关键词

阵容配备　位置交换　进攻战术　防守战术　攻防转换

第一节　排球战术概述

一、排球战术的概念

排球战术是指运动员在比赛中，根据排球竞赛规则和排球运动的规律、比赛双方的具体情况和临场变化，合理运用个人技术及集体配合所采取的有意识、有组织的行动。集体配合的最终体现的是发挥个人的作用。这一特点在排球比赛进攻中尤显突出，由于规则所限：每人只能一次击球，因此集体配合在比赛中占有非常重要的地位和作用，只有在同伴的配合下才能发挥个人的技术特长，没有同伴的配合，技术再高超也不会充分发挥个人的特长。排球战术的特点是在集体配合下充分发挥个人的特长。

二、排球战术的分类

（一）排球战术按人数分类

排球战术按人数分类可分为个人战术和集体战术两大类（图 5-1）。

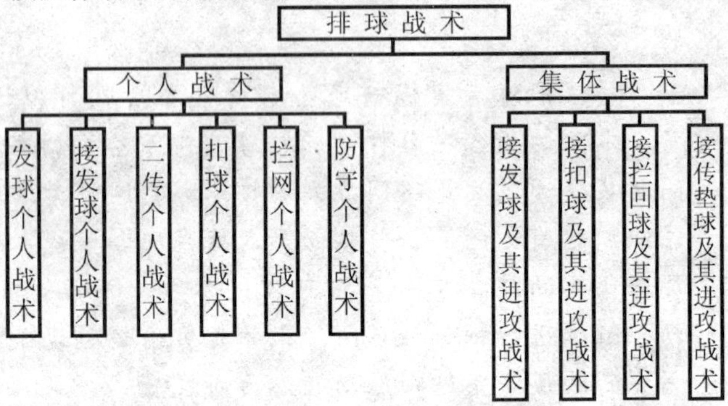

图 5-1　排球战术按人数分类

个人战术是指在集体战术配合的基础上，队员根据个人的特点和战术的需要，巧妙地运用个人技术的变化，以达到有效的进攻和防守的目的。成功的个人战术，可以弥补集体战术的不足。

排球集体战术是指运动员在比赛中，为了突破对方防守或抑制对方进攻，灵活地运用合理的攻防技术，按照一定的形式，采取的有目的、有组织、有针对性的集体配合行动。

个人战术是集体战术的组成部分，而集体战术是个人战术的综合体现，二者相辅相成、互相促进、互相制约。

（二）按战术运用分类

接发球及其进攻（一攻）、接扣球及其进攻（防反）、接拦回球及其进攻（保攻）和接传、垫球及其进攻（推攻）战术如图 5-2 所示。

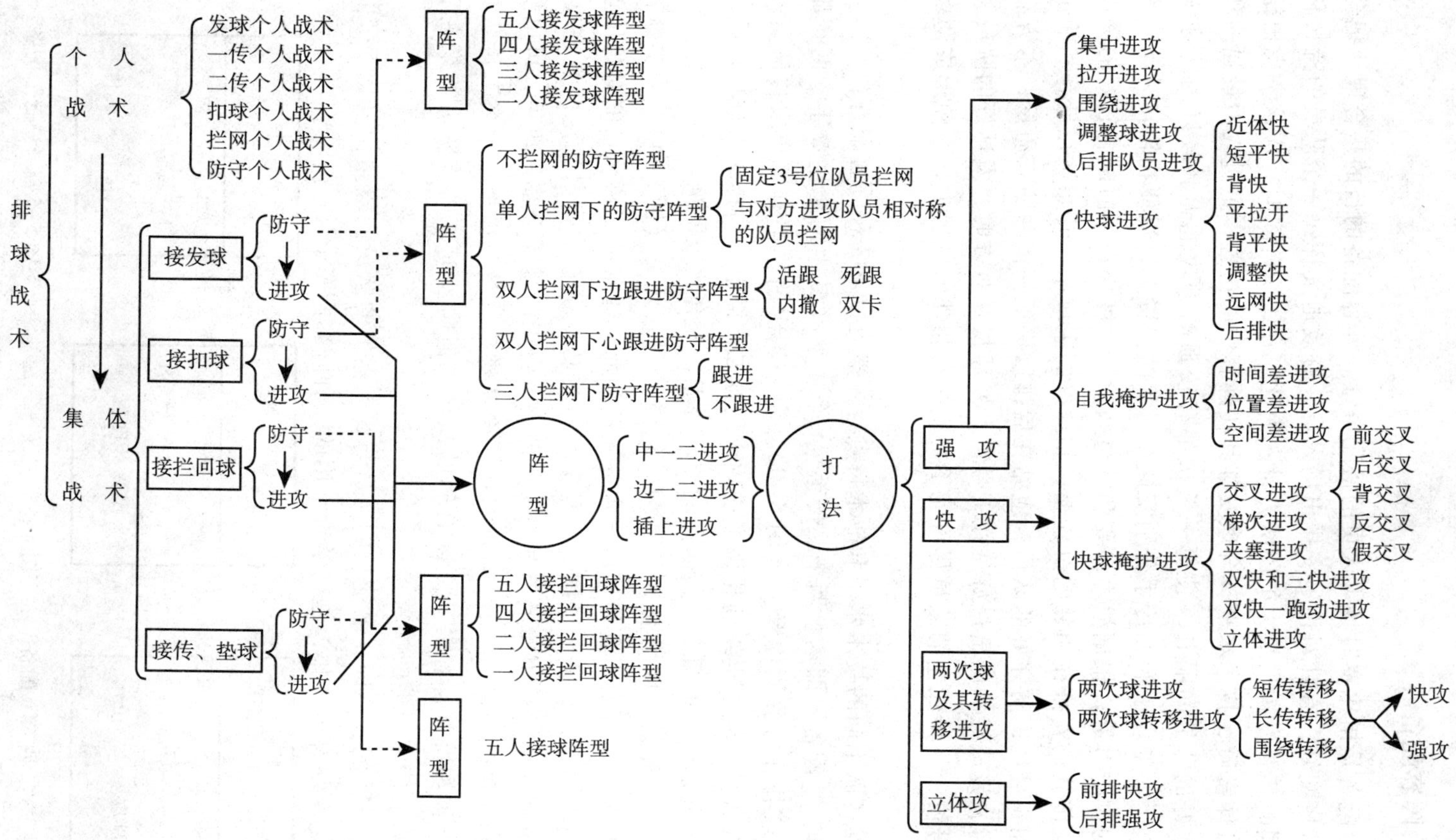

图 5-2　排球战术

（摘自黄汉升．球类运动——排球．北京：高等教育出版社，2005.）

三、阵容配备

阵容配备是指比赛时场上人员的搭配布置。阵容配备的目的是合理地把全队的力量搭配好，有针对性地安排出场人员，有效地发挥每一个队员的特长和作用，同时还要发挥出最大的团队力量。为此，在组织阵容时，应该考虑根据队员的身体素质、技术水平，合理安排其在阵容中的位置，把进攻力量强的和防守技术好的队员间隔开，使每一轮次都有较强的进攻能力和较好的防守能力；主攻手、副攻手和二传手分别安插在对称的位置上，以便在轮转时保持比较均匀的攻防力量；根据战术需要和队员间默契程度，把平时配合较好的进攻队员和二传队员安排在相邻的位置上；扣球好的主攻手一开始站在最有利的位置上，如 4 号位；防守好的队员，应站在后排以保证一传和防守质量；本方有发球权时，发球好的队员最好站在 1 号位；发球权在对方时，发球好的队员可站在 2 号位；一传较差的队员尽可能不要安排在相邻的位置上，避免形成薄弱区域。

根据各队不同的技术水平和战术特点，一般有以下 3 种阵容配备：

“四二”配备：即场上两个二传手、4 个攻手（其中两个主攻手、两个副攻手），安排在对称的位置上（图 5-3）。每一轮次前排都有 1 个二传队员和两个进攻队员，便于组织前排两点进攻或后排二传插上的前排 3 点进攻。但每个进攻队员必须熟悉两个二传队员的传球特点，配合比较困难。

“五一”配备：即场上 1 个二传队员，5 个进攻队员（图 5-4）。为了弥补有时主要二传队员来不及传球所出现的被动局面，通常在二传队员的对角位置上，配备 1 名有进攻能力的接应二传队员。二传队员在前排时采用两点进攻，二传队员在后排时采用插上传球的 3 点进攻，由于前排 3 个都是攻手，可以加强进攻和拦网的力量。“五一”配备中，全队进攻队员只需适应 1 名二传队员传球的习惯和特点，容易建立配合间的默契。但防反时，二传队员如果在后排，要插上传球，难度较大。

“三三”配备：即 3 名能攻的队员与 3 名能传的队员间隔站位（图 5-5），使每一轮次都有传有扣，是初学者常用的一种阵容配备。

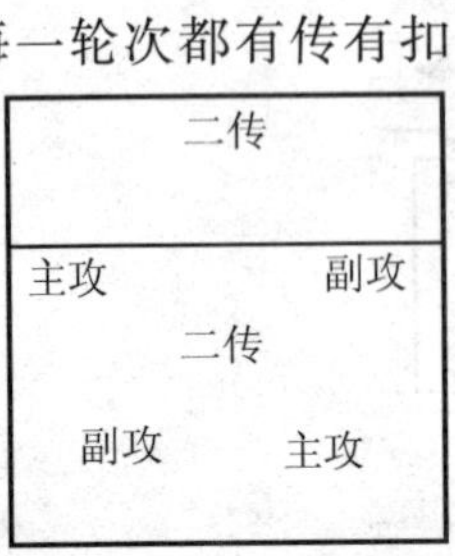

图 5-3 “四二”配备

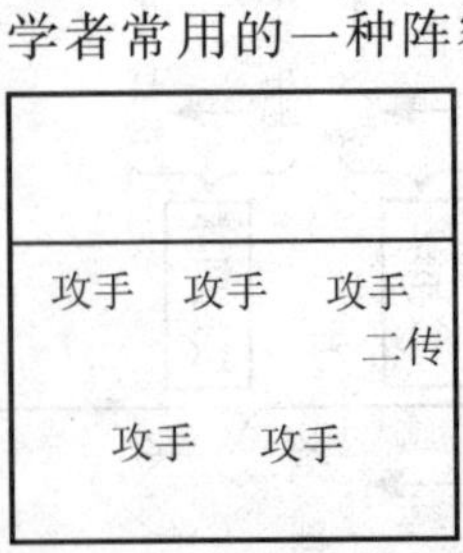

图 5-4 “五一”配备

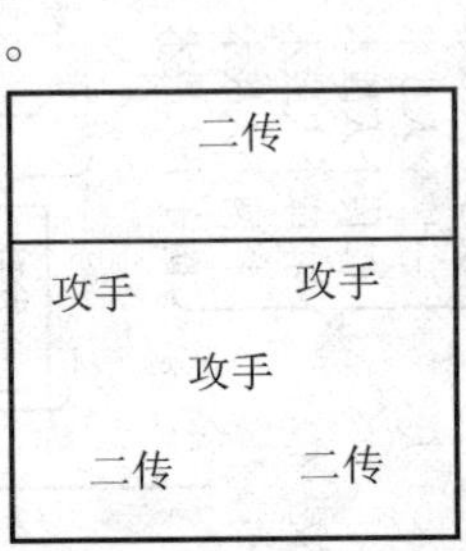

图 5-5 “三三”配备

四、位置交换

为了最大限度地发挥每个队员的特长，调动一切积极因素，加强攻防力量，同时，弥补由于队员身体技术发展的不平衡所带来的阵容配备上的某些缺陷，比赛中，在规则允许的条件下，可以采用交换位置的方法组织战术。

知识链接 5-1

排球场地位置介绍：

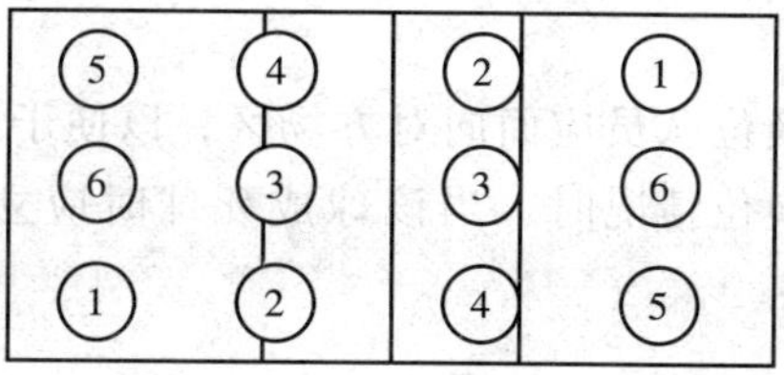

图中①②③④⑤⑥号码代表双方的 6 名队员，靠近球网的 3 名队员是前排队员，他们的位置分别称 4 号位（④）、3 号位（③）和 2 号位（②）；另外 3 名队员为后排队员，位置分别称 5 号位（⑤）、6 号位（⑥）和 1 号位（①）。

（一）交换位置的效果

1. 充分发挥每个队员的专长，以取得扬长避短的效果。

2. 以利于组织进攻防守战术的需要，从而取得攻防战术的优势。

3. 采用专位分工的进攻和防守，以提高攻防战术的质量。

（二）位置交换的几种情况

1. 前排队员之间的换位

（1）为了便于组织进攻、实施进攻战术，把二传队员换到 2 或 3 号位。

（2）为了加强进攻效果，把进攻实力强的队员换到便于扣球的位置，如主攻手换到 4 号位，左手扣球队员换到 2 号位，习惯打快球的队员换到 3 号位。

（3）为了加强拦网把身材高大或弹跳好的队员换到拦网责任大的 3 号位或与对方主攻手相对应的位置，以限制对方攻手的发挥。

2. 后排队员之间的换位

（1）为了在比赛中便于运用行进间的二传插上战术，二传在后排时把二传换到 1 或 6 号位以缩短插上的距离和时间。

（2）为了加强后排防守，发挥个人防守能力把队员换到各自擅长的防守区域。还可根据临场情况把防守好的队员换到防守任务重的区域。

（3）为了丰富战术，把后排进攻能力强的队员换到 1 或 6 号位，便于与二传配合后排进攻战术。

3. 前后排队员的换位

“五一”配备阵型中，当二传轮转到后排时需要二传插上组织进攻，二传从1、5或6号位接发球队员身后跑动插到2或3号位准备组织进攻。

（三）换位时应注意的事项

1. 发球队员击球前应按规则的要求正确站位，防止出现位置错误。当发球队员击球后即刻换位，力求迅速地换到预定位置，立即准备做下一个动作。

2. 对方发球时，应首先准备接对方的发球，然后再换位，以免造成接发球失误。

3. 本方发球时，换位队员应面向对方场区，以便于及时观察对方的动态。

4. 比赛中队员有换位情况时，当该球成死球时应立即回到原位，做好下次接发球或进攻的准备。①

五、信号联系

排球运动是集体项目。在实现快速多变的进攻战术时，必须通过信号联系来统一行动。信号联系的目的在于让场上队员了解战术意图从而达到协调统一。一个队的信号联系与联系方法，应根据本队的情况，由教练员和队员共同协商确定。联系的信号应简单、清晰，便于全体队员了解战术行动信号。联系的方法有以下几种：

（一）语言联系

使用口头呼喊来进行直接联系的方法称语言联系法。使用时，语言要精练、清晰，一般只用一两个字，如“快”、“高”、“背”、“交叉”等，也可将战术编成号数，使用时以代号进行联系。为了迷惑对方，口头信号也可有真有假，有正有反。比赛中，运用语言信号比较多方便场上队员迅速了解战术行动，缺点是容易暴露战术意图。

（二）手势信号

通过事先确定的各种手势，表明各种进攻战术变化的配合称手势信号。手势信号一般在接发球进攻时采用，如二传队员在前排或后排插上时，用手势提示其他队员下次进攻所采用的战术。其优点是隐蔽性强。

（三）落点信号联系

根据接发球的落点，作为发动进攻战术的信号。比较适用于一传不是很到位的初学者球队。如一传到什么位置就组织什么战术，优点是机动灵活。

---

① 黄汉升．球类运动——排球．北京：高等教育出版社，2005.

六、“自由人”的运用

“自由人”的设置是国际排球联合会在1998年正式实施的一项新规则，这是有利于防守战术的一项新规定。“自由人”的设立就是为了加强防守，增加排球比赛每个球的回合数，加强防守，使比赛更加精彩。这名“自由人”身穿与队友不同颜色的衣服，可以在后场任何位置活动，但不许发球、扣球、拦网、击球过网或参与前场进攻。在比赛中，“自由人”可以在规则允许的范围内，无需裁判允许并不受人次数的规定自由地从自由人换人区域进出比赛场地参加比赛。合理地选配“自由人”，灵活地运用“自由人”已成为一个队在比赛中成功运用战术的重要组成部分。“自由人”可以及时替换场上进攻能力强而防守能力相对较弱的队员，也可以及时替换因扣球、拦网而体力消耗较大的后排主力队员。此外，“自由人”还可以适时传递教练员的临场指挥意图。当然每个球队也可以选择不使用自由人。

知识链接 5-2

个人战术与集体战术之间的关系

个人战术与集体战术的关系是局部和全局的关系。个人战术要促成集体战术的实现，集体战术要利于发挥个人战术的特长和作用，两者相辅相成，互相弥补。队员在比赛中的技术和个人战术首先必须服从集体战术的需要，并以集体战术为依据，密切与全队配合，在保证实现集体战术的前提下，充分发挥和运用个人战术，丰富全队的战术打法，弥补集体战术的不足。

第二节　排球运动个人战术

个人战术是指在集体战术配合的基础上，队员根据个人的特点和战术的需要，巧妙地运用个人技术的变化，以达到有效的进攻和防守的目的。成功的个人战术，可以弥补集体战术的不足。个人战术有发球、一传、二传、扣球、拦网及防守等。

一、发球个人战术

发球因不受对方和同伴的制约，发球者可以根据对方场上的站位情况和自己发球的技术特点，灵活运用发球战术。

（一）发球战术

发球战术包括找对方弱点或空当、破坏对方战术、利用自然条件等，目的在于直接得分或破坏对方一传为本方赢得反攻机会。

1. 找对方的弱点或空当发球战术，主要根据对方对不同性能球的适应程度、接发球的站位方法和轮次特点等，采用加强攻击、控制落点、灵活变化等发球方法，造成对方判断错误，使其接发球失误或一传不到位。

2. 破坏对方战术性发球，把球发给换位队员、插上队员或善于扣两次球的队员等，使对方组织不起有效进攻。

3. 利用自然条件，发球战术主要适合于室外比赛，指发球者利用阳光、风向等特点以增加对方接发球的难度。

（二）战术任务

在观察和分析对方的具体情况后，有针对性地采用不同的发球战术，先发制人。常见战术的使用：

1. 加强发球的性能

争取发出力量大、速度快、弧度低平、旋转性强或飘晃度大的球。

2. 控制发球的落点

（1）将球发到对方两个队员之间的衔接区、边线或后场端线附近。

（2）将球发向对方参加进攻的队员，破坏其进攻的组织。

（3）将球发给对方二传，或落在该队员跑动的必经线路上。

（4）将球发给一传技术差、精力分散或刚刚换上场的队员。

3. 改变发球的方法

（1）改变发球的弧度：可以加强球的旋转；改变飞行弧度；还可以发高吊球。

（2）改变发球的速度：可以采用击球点高、距网近、速度快的飘球或大力跳发球技术；也可采用高弧度的慢速度的发球方法。

4. 适时变换发球，增强攻击性和提高准确性

（1）如对方实力强大，本方得分困难而比分落后较多或遇到对方进攻强轮次等情况时，可采用加强攻击性的拼发球战术，以改变落后状况。

（2）如本方比分领先较多时，可采用威力大的发球，以扩大战果。

（3）如本方发球连续失误或对方暂停、换人后及对方处于进攻较弱的轮次或接发球连续失误时，应注意发球的准确性，尽量不要发球失误。

（4）当比赛处于关键时刻时，发球更要注意准确性，避免失分。

二、一传个人战术

战术任务：在第一次接对方来球时采用有目的、有意识的击球动作，组成

本队战术。常见战术的使用有以下几种：

1. 在组织快攻战术时，如本方快攻队员来得及进行快攻，一传的弧度要低平，速度稍快，以加快进攻的节奏；如果来不及（如防守反击时），则应提高一传弧度。

2. 在组织强攻战术时，一传的弧度略高些，为二传队员创造便利传球条件。

3. 前排队员一传时，力量不宜过大，弧度应稍高，如来球力量不大，可用上手传球，后排队员则相反。

4. 当对方第三次传垫球过网时，一传可用上手传球，以便更准确地组织快速反击或传给网前队员进行两次进攻。

5. 如发现对方场区有较大的空当，或对方队员无准备时，一传可用传、垫、挡等动作迅速把球直接击向对方空当区域。

三、二传个人战术

战术任务：有效地组织进攻战术，给扣球队员创造有利的进攻条件，突破对方拦网。常见战术使用有以下几种：

1. 根据本方队员的特点和布阵情况，进行合理的分球。如采用集中或拉开，近网、中网或远网，弧度高或低球，声东击西的隐蔽动作和假动作等传球战术。

2. 根据对方拦网的部署，与进攻队员在时间上和位置上进行协调配合，合理选择拦网的突破口，造成以多打少的局面。

3. 根据本方队员一传的情况，如到位球或不到位球，高球或低球，近网球或远网球等，合理运用传球技术组织各种战术。

4. 根据对方防守队员的站位，在有利于自己的情况下，突然将球传入对方空当进行二次进攻吊球。

四、扣球个人战术

战术任务：根据对方拦网和防守情况，选择合理扣球技术和路线，有效突破对方拦网。常见战术的使用有以下几种：

（一）扣球线路变化

1. 扣球时采用直线与斜线相结合，长线与短线相结合，让对方拦网队员难以判断扣球线路。

2. 小斜线扣杀：指 4 号位队员向对方场区的 4 号位进行的锐角扣杀；2 号位队员向对方 2 号位的扣杀也是小斜线扣杀。

3. 利用助跑路线与扣球路线不同的方向，迷惑对方拦网和防守队员。如直线助跑扣斜线球，斜线助跑扣直线球。

4. 朝防守技术差和意志薄弱的队员或空当和防守薄弱的区域扣球。

（二）扣球动作变化

1. 运用手腕、手指的技术变化，突然改变扣球方向，避开对方拦网。

2. 用超手高点扣球，从拦网人手上方进行突破。这种扣球是利用扣球队员的身高和弹跳优势，球从拦网者手的上空击入对方场区。扣超手球要求二传的球弧度较高，距网较近，扣球队员要充分利用助跑和弹跳高度，保持最高击球点，这是突破拦网的最有效手段。

3. 利用突然性的两次进攻，造成空网或一对一进攻的有利局面。

4. 打手出界扣球是进攻者利用拦网人判断和手型上的错误，使扣球触及拦网者手后飞向场外，造成防守失误的一种扣球技术。一般在二传的球近网或球的落点在标志杆附近时，运用这种扣球技术较多。运用这种技术时，扣球者要预先隐蔽自己的意图，在空中看准拦网者的手型后，用转体或转腕动作，猛击球的左或右后方，使球从 2 号位或 4 号位触手出界。也可以平击或往高远处打，使球触到拦网者的手指后向后场飞出，达到打手出界的目的。

5. 突然用单脚起跳扣球，使对方来不及拦网。

6. 运用轻打技术，轻打就是先做大力扣球的假动作，而在击球的瞬间，突然减慢手臂挥动的速度，把球轻轻地击入对方的空当。要求扣球者的助跑起跳动作要与重扣时一样，越逼真越能迷惑对方，击球时要保持好击球点，手要包住球，用轻轻推压的动作，使球越过拦网者落在对方场内的空当中。

7. 采用吊球技术，吊球是扣球的一种变化，多在球近网或可能被拦死时运用。因队员在击球时是利用紧张的手指轻击球体，使球越过球网落入对方场区的空当而得名。吊球时，击球者不能过早暴露自己的意图，要先佯作扣球动作，再突然改为吊球，使对方措手不及。比赛中，吊球与大力扣球和快球结合使用，能收到较好效果。目前有高压吊球、快抹等技术，高压吊球是吊球技术的一种变化，其特点是击球时居高临下，重力弹击，球过网后弧度小，速度快，具有较大的威力。快抹是利用手指尖的突然发力，把球快速地吊到对方场区的空当。

8. 进攻队员与二传队员配合时利用“时间差”、“位置差”、“空间差”，晃开对方拦网。

（三）调整球的打法

排球比赛实施新规则“每球得分制”后，双方都注重一攻成功率。然而，若要战胜对手，必须在拦防环节中占得优势，其中，防守反击是主动拿分的手段之一。在防反中，绝大多数情况是把球调整到 4 号位强攻（或者 2 号位后攻），因此，如何打好调整球是得分乃至取胜的重要法宝。

在调整进攻时，由于传球线路比较长，进攻意图明确，从而对方有足够的时间来组织双人或三人集体拦网，这就要求进攻队员（一般为主攻手）有很好的身体、心理和技术素质。面对多人拦网，蛮干死打往往导致进攻被拦死。这就需要攻手多动些脑筋，利用自己手腕功夫和技巧，采用打手出界、吊球、快抹、过渡进攻等方法来突破对方的拦网而得分。

五、拦网个人战术

战术任务：根据对方扣球情况，利用时间、空间等变化因素，用不同手法，阻拦对方进攻。常见战术的使用：

1. 拦网队员可采用拦直线起跳向侧伸臂拦斜线或在拦斜线位置起跳拦直线的方法来迷惑对方扣球队员。

2. 改变空中拦网手的位置。如在空中拦直线时突然移动手臂改为拦斜线等。

3. 制造假象，使对方受骗。如假装露出中路空当，引诱对方扣中路，当对方扣球后即关门拦中路球。

4. 在发现对方要打手出界时，可在空中及时将手撤回，造成对方扣球出界。

5. 运用反吊球技术。反吊球指攻方扣球队员突然改为吊球时，守方拦网队员也把拦网改为吊球，把球反吊回去。运用反吊球时，双臂或单臂在空中有一个小而迅速的屈伸动作，发现对方吊球后，立刻屈肘并向后翻腕，然后迅速伸臂屈腕，用手指将球击入对方场区内。进行反吊球时，拦网队员需在合适的时候起跳，才能既起到拦网作用，又有可能反吊球。反吊球技术的运用只有在对方吊球不高时才能进行。

六、防守个人战术

战术任务：选择最有利位置，采用合理的接球动作，按战术要求把球防起。常见战术的使用有以下几种：

1. 根据对方二传队员传球的方向和落点，迅速作出判断，立即移动到相应的位置，正对来球准备接球。

2. 在选择前后位置时，应根据对方二传球与网的距离和扣球队员击球点高低选择防守位置。如球离网近，无人防守时，防守取位可向前；如球离网远或近网球被拦时，防守队员取位可向后。

3. 选择左右位置时，主要根据对方扣球队员的助跑路线和扣球队员起跳后人与球所保持的关系来选择防守位置。一般来说，防守位置应在对方扣球队员和球连线的延长线处。

4. 根据对方扣球的特点，采取相应的防守行动，如对方只扣不吊时，取位要靠后；如对方打吊结合时，要随时准备向前移动；如对方扣球只有斜线，要放弃直线防斜线等。

5. 防守应根据本方前排拦网队员的情况，主动选择防守位置加以配合和弥补。重点防守前排拦网的空当。

第三节　排球运动集体战术

集体战术可分为集体进攻和防守战术两种。

一、集体进攻战术

集体进攻战术是指在接对方发过来、扣过来、拦过来和传、垫过来的球后，全队所采取的有目的、有组织的配合进攻行动。进攻战术又可分为进攻战术阵型和进攻战术打法两方面。

（一）进攻战术阵型

进攻战术阵型即进攻时所采取的队形。不论是接对方发过来、扣过来、拦过来，还是传、垫过来的球后进攻时所采用的阵型是基本一致的，不外“中一二”、“边一二”和“插上”三种阵型。

1.“中一二”进攻战术阵型

3 号位队员作二传，将球传给 4、2 号位队员进攻的组织形式（图 5-6）。其优点是一传向网前中间 3 号位垫球比较容易，因而有利于组织进攻，适合初学者采用；二传队员在网前接应一传的移动距离近，向 2、4 号位传球的距离较短，容易传准。缺点是战术变化少，对方容易识破进攻意图。

2. “边一二”进攻战术阵型

2 号位队员作二传，将球传给 3、4 号位队员的组织形式（图 5-7）。其优点是右手扣球者在 3、4 号位扣球比较顺手，战术变化较多。缺点是 5 号位接一传时，向 2 号位垫球距离较远；一传垫到 4 号位时，二传传球较为困难。

3. “插上”进攻战术阵型

二传队员由后排插上到前排作二传，把球传给前排 4、3、2 号位队员进攻的组织形式（图 5-8）。其优点是能保持前排 3 点进攻，战术配合变化多，并能利用网的全长组织进攻牵制对方的拦网配合。缺点是对插上二传队员的要求较高，尤其是二传在 5 号位时，插上有些困难，同时队员的后排防守能力要强。

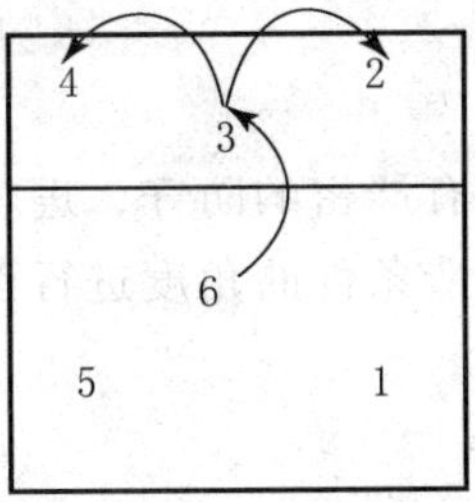

图 5-6

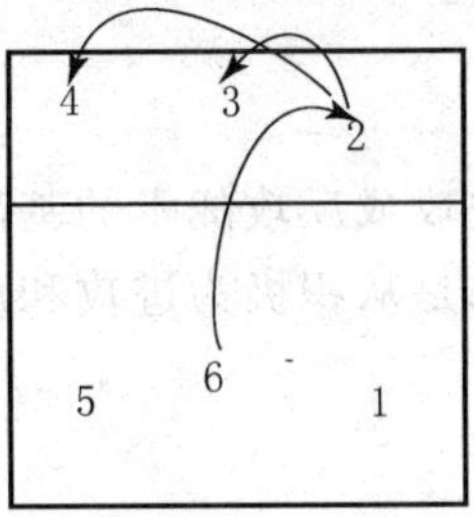

图 5-7

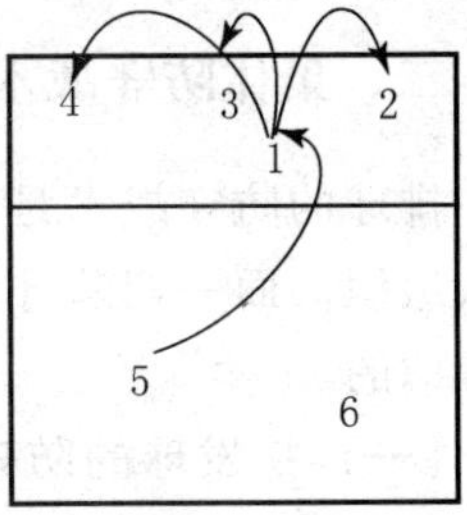

图 5-8

（二）进攻战术打法

进攻战术打法是指二传队员与扣球队员之间所组织的各种进攻配合。包括强攻、快攻和两次球进攻 3 种基本打法。每种打法中又有若干不同战术配合。而所有这些打法又都可以在“中一二”、“边一二”和“插上”3 种进攻战术阵型中具体运用。

1. 强攻

强攻指在没有同伴掩护或在对方有准备的拦防的情况下，强行突破的进攻。强攻的二传球较高，根据不同的二传球位置，可以分为集中进攻、拉开进攻和调整进攻，后排队员的高球进攻也属于强攻打法。

2. 快攻

快攻指扣二传传出的各种平快球，以及用这些平快球作掩护所组成的各种战术配合。可以分为平快球进攻、自我掩护进攻、快球掩护进攻 3 类。平快球进攻常用的有前快、背快、短平快、平拉开、背溜、调整快、远网快、后排快、单脚起跳快等（图 5-9）。自我掩护进攻包括时间差、位置差、空间差的进攻。快球掩护进攻包括各种交叉进攻（图 5-10）、夹塞进攻（图 5-11）、梯次进攻、前排快攻掩护后排进攻的立体进攻等。

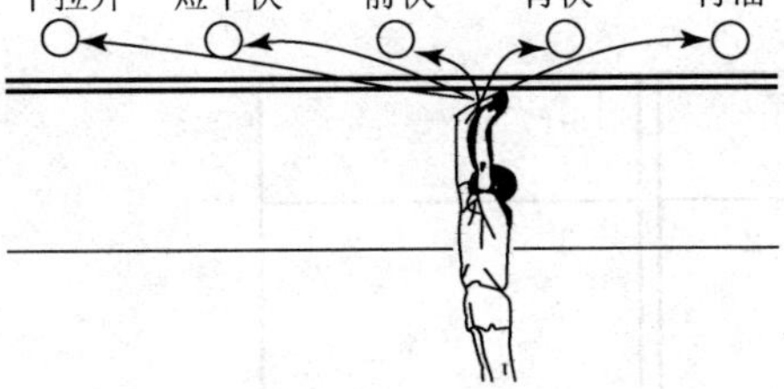

图 5-9　各种快球

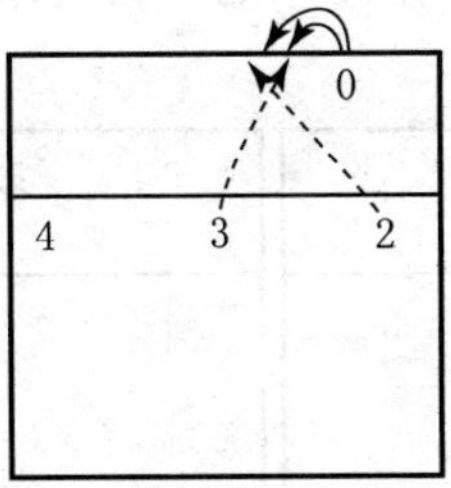

图 5-10　交叉进攻

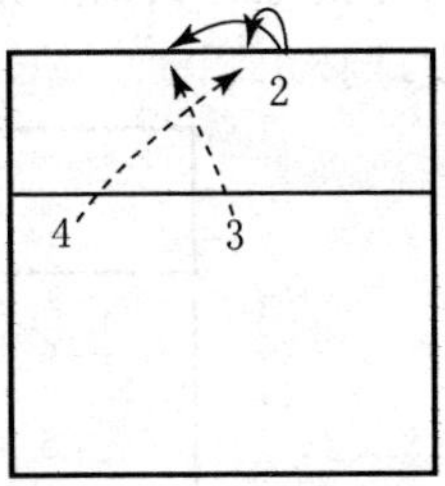

图 5-11　夹塞进攻

3. 两次球进攻

两次球进攻指一传来球较高，又在网前适合扣球的位置时，前排队员跳起来直接进行扣球或吊球，如遇拦网，就在空中改成二传，把球转移给其他前排队员进攻。

二、集体防守战术

排球的防守战术是组织进攻或反攻战术的基础，没有严密的防守，进攻就无从组织。而一切防守战术都是从积极为进攻和反攻创造条件的角度进行设计和考虑的。

（一）接发球的防守战术

当对方发球时，本方处于防守地位，也是组织第一次进攻的开始。对方发球前站好位置，摆好队形，是接好发球的基础。站位的阵型，不仅要有利于接球，也要有利于本方所采用的进攻战术。同时，还要根据对方发球的特点，采取不同的阵型，通常采用5人接发球和4人接发球。

1. 5人接发球站位阵型

除1名二传队员站在网前或从后排插上准备组织进攻不接发球外，其余5名队员都负担一传任务的接发球站位阵型，适合于接发球水平不太高的球队。通常站位W形（图5-12）。其优点是队员均衡分布，每人接发球的范围相对较小；接发球时，已站成了基本的进攻阵型，组织进攻比较方便。其缺点是二传队员从5号位插上时距离较长，难度大；3号位队员接球时，不便组织快攻战术；不利于队员间的及时换位；队员之间中间地带较多，配合不默契时，容易互相干扰。

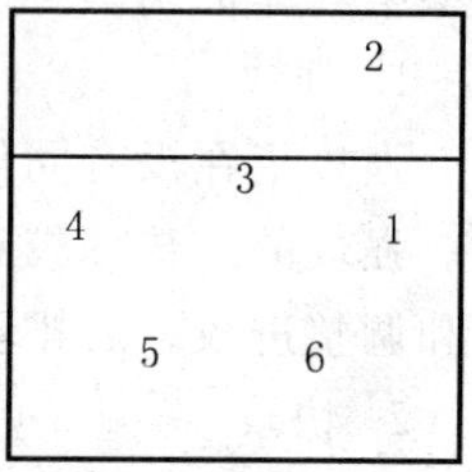

图5-12 5人接发球站位

2. 4人接发球站位阵型

插上二传队员与同列的前排队员均站在网前不接发球，其他4人站成弧形接发球的站位阵型（图5-13）。其优点便于后排插上和不接发球的前排队员能及时换位；其缺点是对接发球的4人要求有较高的判断、移动能力和较好的接发球技术。

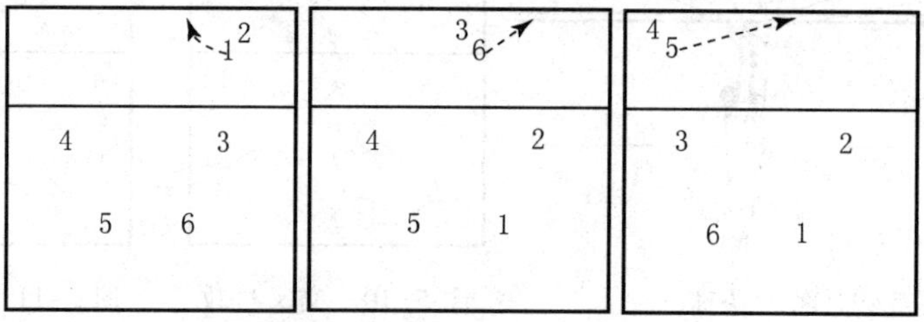

图5-13 4人接发球站位阵型

不论采用哪种接发球站位阵型，都应做到：

1. 合理取位

5人接发球的基本位置是前3后2。前排两侧队员应站在距中线4.5米、距边线大约 1 米处，后排队员以前排队员为基准，取前排队员两人之间的位置，避免重叠和影响视线，距端线大约 3 米为宜。此外，还要根据对方发球的性能、特点随时调整位置。

2. 明确范围

接发球时，每个接发球队员都应明确自己的控制范围。做到分工明确，既不互争互抢，也不互让。特别要重视两人之间的“中间地带”和 3 人之间的“三角地带”。一般来说，可让一传较好的队员主动接球。

3. 互相弥补

不接发球的队员应注意随时弥补同伴的一传。尤其是当后排队员接球时，前排队员应转身注视接球队员，随时准备快速移动调整垫不到位的球。

（二）接扣球的防守战术

接扣球的防守与组织反攻是密不可分的，只有防守成功才能有富有成效的反攻。接扣球的防守战术是前排拦网与后排防守的整体配合，根据对方进攻情况、本队队员特长、防守后的反攻打法，一般可分为不拦网、单人拦网、双人拦网和 3 人拦网防守。

不拦网的防守阵型：在对方进攻较弱，没有必要进行拦网时，可以采用不拦网的防守阵型，比较适合于初学者进行的比赛演练。这种阵型与 5 人接发球站位阵型相似，前排进攻队员要撤到进攻线后，准备防守和防守后的反攻；后排队员后退，准备防后场球；二传队员留在网前，准备接吊到网前的球和组织进攻（图 5-14）。

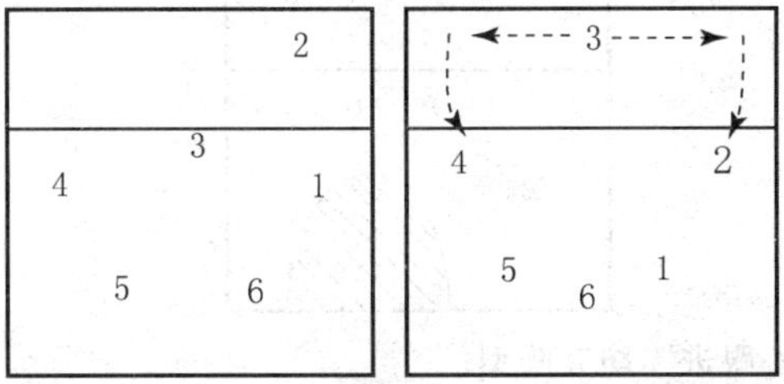

图 5-14　不拦网的防守阵型

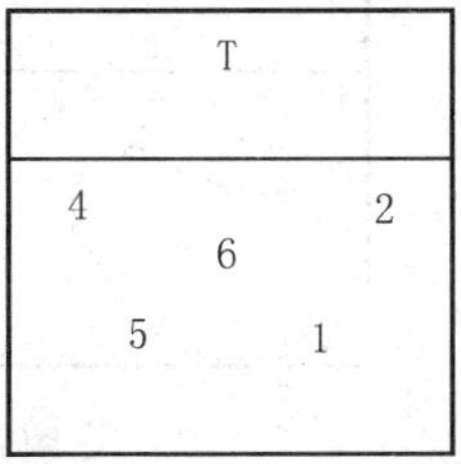

图 5-15　单人拦网的防守阵型

单人拦网的防守阵型：当对方扣球威胁不大、扣球路线变化不多、轻打吊球较多时，可采用单人拦网的防守阵型。拦网队员拦扣球人的主要进攻路线，不拦网队员及时后撤防守或保护拦网人（图 5-15）。

双人拦网的防守阵型：对方水平较高、进攻力量较强、进攻线路变化较多时，多采用这种防守阵型，即两人拦网、4 人接球。通常分为“边跟进”和“心跟进”两种。

“边跟进”：多在对方进攻较强，吊球较少时采用。当对方 4 号位队员进攻时，我方 2、3 号位队员拦网，其他 4 名队员组成半圆弧形防守（图 5-16

①)。如遇对方吊拦网者身后的前场区，由边上1号位队员跟进防守（图5-16②）。其优点是加强了拦网；缺点是边上的队员又要防直线，又要跟进防前区，比较困难。

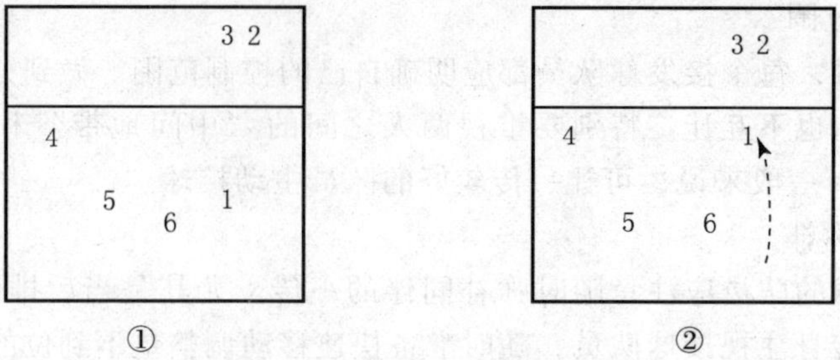

图5-16　“边跟进”防守阵型

“心跟进”：在本方拦网能力强、对方采取打吊结合时采用。当对方4号位队员进攻时，我方2、3号位队员拦网，后排中心的6号位队员在本方拦网时跟在拦网队员之后进行保护，其余3名队员组成后排弧形防守（图5-17）。其优点是加强了前区的防守能力，缺点是后排防守队员之间的空当较大。

3人拦网时的防守阵型：对方主要扣球手进攻实力很强、不善吊球的情况下可采用3人拦网、3人后排接球的防守阵型。这种阵型加强了网上力量，但后防的空隙也相对增大。3人拦网时，后排防守的6号位队员可以跟进到进攻线附近保护，也可以退至端线附近防守（图5-18）。

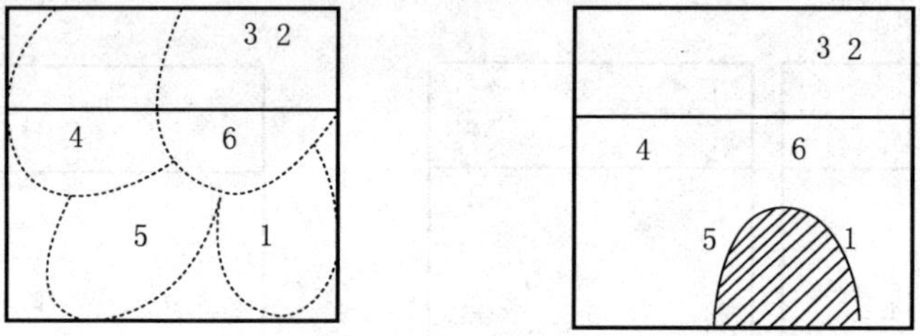

图5-17　“心跟进”防守阵型

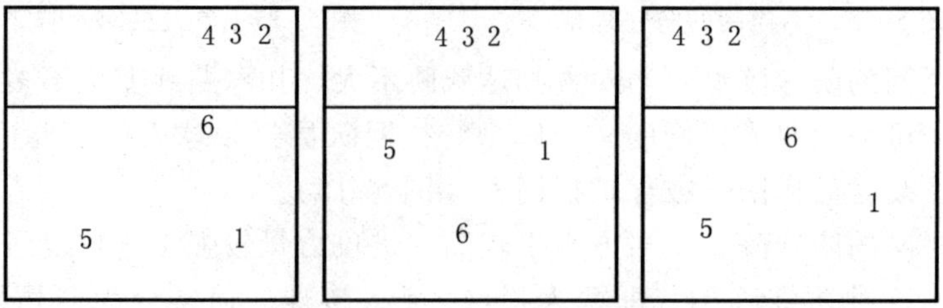

图5-18　3人拦网的防守阵型

（三）接拦回球的防守战术

本方扣球时必须加强保护，积极防起被拦回来的球，并继续组织进攻。由于拦网队员可以将手伸过网拦网，拦回的球通常速度快、角度小，因而接拦回球的保护阵型应形成多道防线的弧形状，且第一道防线紧跟在扣球人身后。以我方4号位队员进攻，其他5人保护为例：5号位队员向前移动和向左后方移动的3号位队员形成第一道防线，6号位队员向前移动和内撤的2号位队员形成第二道防线，1号位队员保护后场，为第三道防线（图5-19）。其他位置进攻时，保护的阵型也可按同样道理布阵。

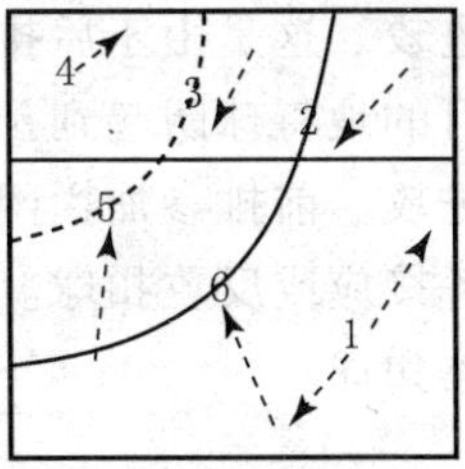

图5-19　保护进攻

（四）接传、垫球的防守战术

当对方无法组织进攻，被迫用传、垫球将球击入我方时，我方的防守便称之为接传、垫球的防守。这种情况在初学者比赛中出现较多。由于来球的攻击性小，我方的防守阵型与不拦网情况下的防守阵型相同，即前排除二传队员外，其他的队员都迅速后撤到各自的位置，准备接球后组织进攻。需要注意的是在后撤和换位的过程中，动作要迅速并随时做好接球的准备，争取组织成有效反攻得分，这样才能赢得主动，从而获得比赛胜利。

（五）攻防转换

在排球比赛中，攻与防是密切联系、相互转换、连续进行的。这不仅在于排球技术本身具有攻与防的双重含义，还由于全攻全守、攻防兼备是当前排球运动的发展趋势。在进攻与防守的转换中，如果准备不充分，动作不连贯，一味进攻，不注意保护和防守，或是只重防守，不能迅速转入反攻，都可能贻误战机，导致失败。因而，在进攻的时候准备防守，在防守的时候想到进攻，才能有备无患，立于主动。同时，在阵容部署上也要有相应的措施和方法。

由进攻转入防守：当球扣入对方区域后，进攻的一方应立即转入防守状态。当球扣过网或二传不慎传球过网后，前排队员应迅速靠网前站位，准备拦网；后排队员上前保护扣球后迅速退守原位，准备防守。其阵型一般有“三一二”站法（图5-20）和“三二一”站法（图5-21）两种。前者适合于“心跟进”防守阵型，后者适合于“边跟进”防守阵型。

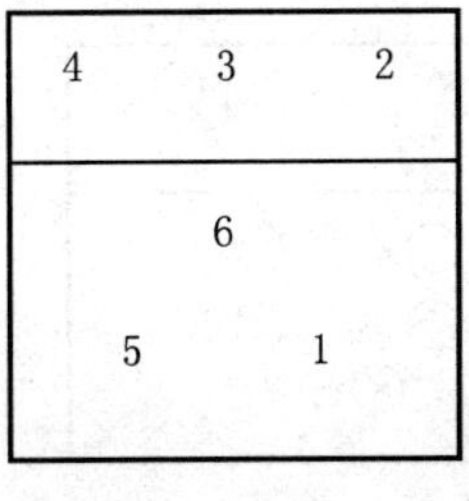

图5-20　“三一二”站法

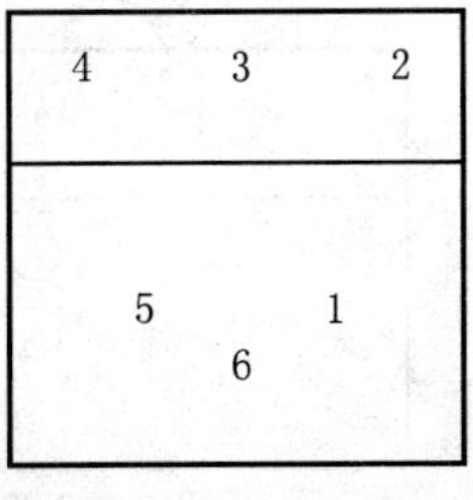

图5-21　“三二一”站法

由防守转入进攻：当对方扣球过网后，防守一方在防守的一刹那就转入了进攻。这是由于后排队员在防守来球时，必须根据本队所采用的进攻战术，有目的地将球防起到预定目标，并根据保护扣球的部署，立即跟进保护前排队员进攻。前排参加拦网的队员，在完成拦网动作之后，必须立即转身或后撤，准备接应或反攻扣球。前排未参加拦网的队员，在后撤防守之后，转入接应或反攻扣球。

第四节　基本战术的练习方法

一、“中、边一二”战术阵型的练习

（一）基本要求

1.“中一二”阵型

二传队员具有传正面一般球和背传一般球的能力，进攻队员应基本掌握2、4号位的正面扣球技术。

2.“边一二”阵型

二传队员具备传快球和拉开球的能力，3号位队员会扣近体快球，4号位队员具有扣拉开球的能力。

3. 场上队员有一定的接发球和接扣球的能力。

（二）练习步骤

1. 基本阵型练习

（1）“中一二”进攻阵型练习：固定1名队员在6号位抛球，3号位队员分别把球传给2、4号位队员进攻（图5-22）。队员的跑位、扣球熟练后，可采用隔网抛球、专人垫球的方法，并逐步提高难度。

（2）“边一二”进攻阵型练习：固定1名队员在5号位抛球，2号位队员分别把球传给3号位队员扣近体快球、4号位队员拉开进攻（图5-23）。队员的跑位、扣球熟练后，可采用隔网抛球、专人垫球的方法，并逐步提高难度。

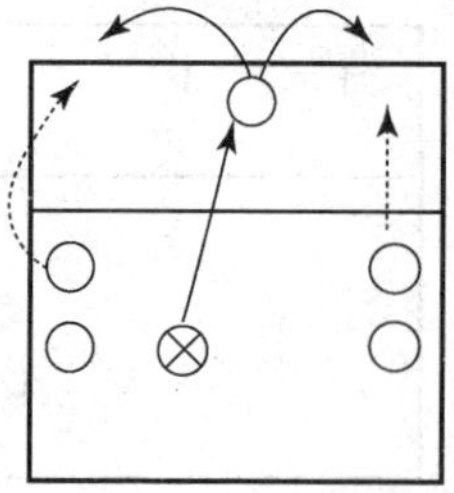

图5-22

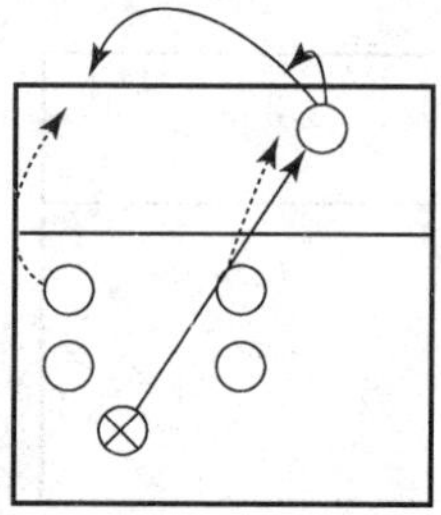

图5-23

2. 结合接发球练习

（1）1 人隔网发球，后排队员垫球，2 号位队员扣前快球、4 号位队员扣一般球（图 5–24）。

（2）1 人隔网发球，6 号位队员垫球，4 号位队员扣近体快球，3 号位队员跑动到 4 号位扣一般球，5 号位队员进行后排进攻（图 5–25）。

（3）1 人隔网近距离发球，5 号位队员接发球，3 号位队员传球，2、4 号位队员扣一般球，后排队员可进行后排进攻（图 5–26）。发球位置可以灵活多变，以利于接发球队员对不同来球的适应性。

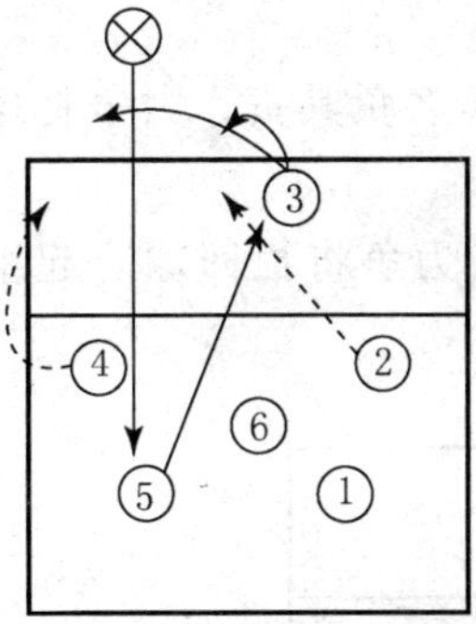

图 5–24

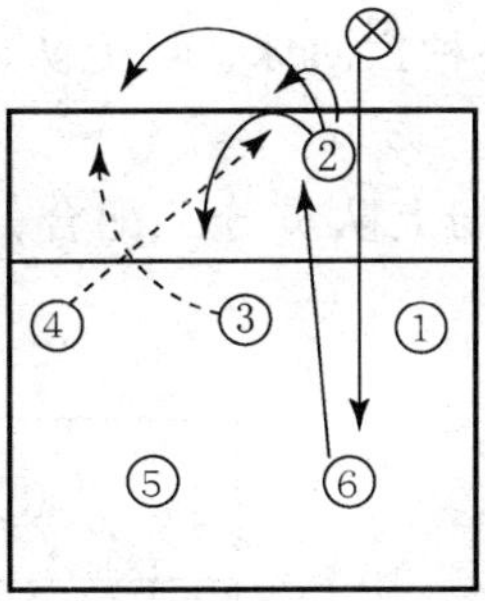

图 5–25

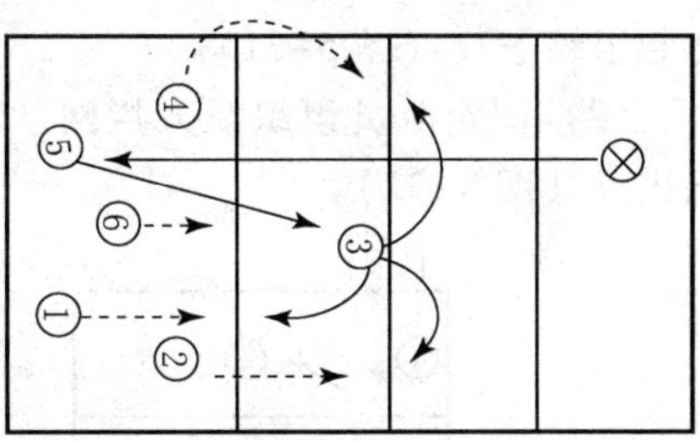

图 5–26

（4）1 人隔网近距离发球，5 号位队员接发球，3 号位队员扣快球，4 号位队员扣一般球，后排队员可进行后排进攻（图 5–27）。

3. 结合接扣球练习

（1）1 人在场边扣球，6 号位队员防守，2、4 号位队员扣一般球，1、5 号位队员可进行后排进攻（图 5–28）。

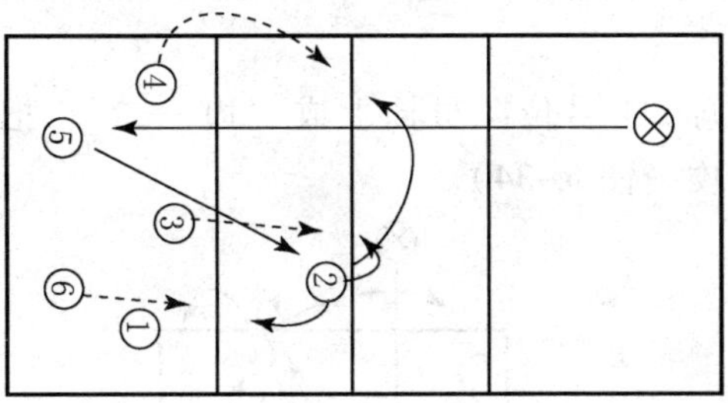

图 5–27

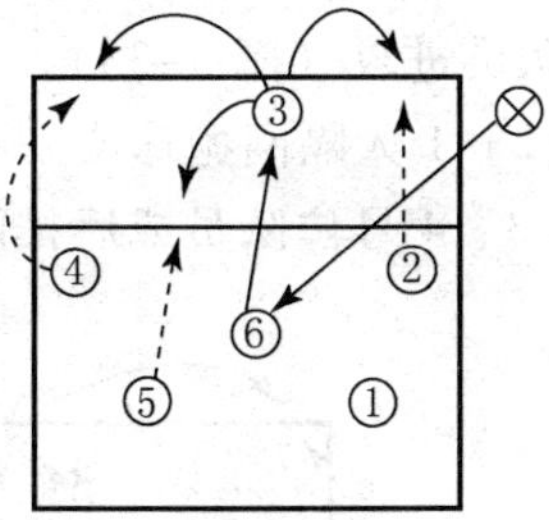

图 5–28

（2）6 号位队员防守，3 号位队员扣快球，4 号位队员扣一般球，1、5 号位队员可进行后排进攻（图 5–29）。

（3）1 人 4 号位高台扣球，两名队员拦网，其他队员参与防守及进攻（图 5–30）。

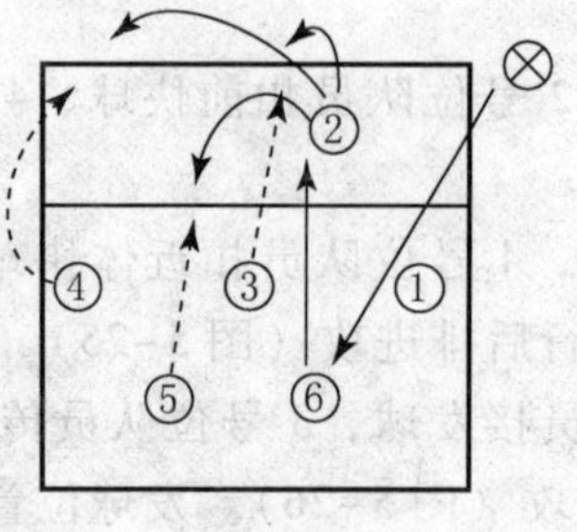

图 5-29

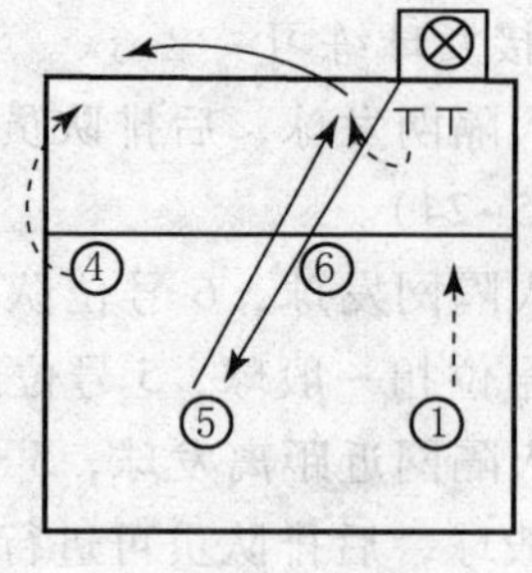

图 5-30

4. 结合接拦回球练习

（1）1 人站在高台上掷模拟的各种拦回球，场上队员各负其责，力争将球防起组织进攻（图 5-31）。

（2）固定队员组织双人拦网，场上队员分工配合，力争将拦回球防起组织进攻（图 5-32）。

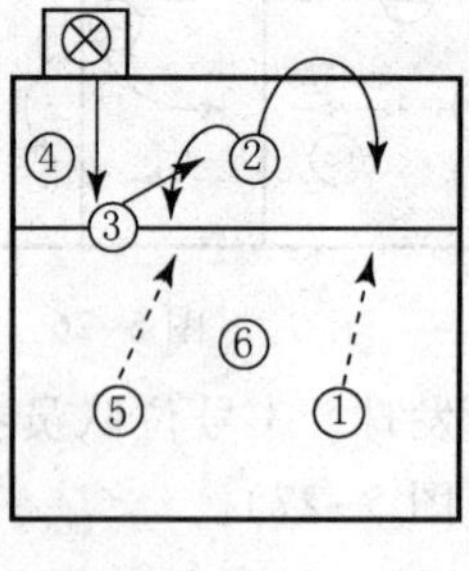

图 5-31

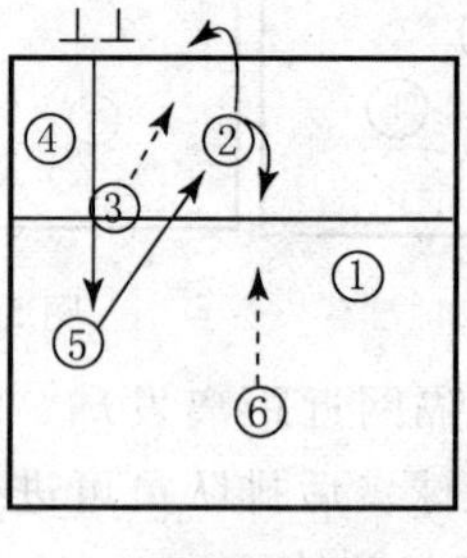

图 5-32

5. 结合后插上练习

（1）1 人在后排抛球，1 号位队员插上成“边一二”，把球传给 2、3、4 号位队员进攻（图 5-33）。

（2）1 人隔网抛球或发一般的球，1 号位队员插上成“边一二”，把球传给 2、3、4 号位队员或后排队员进攻（图 5-34）。

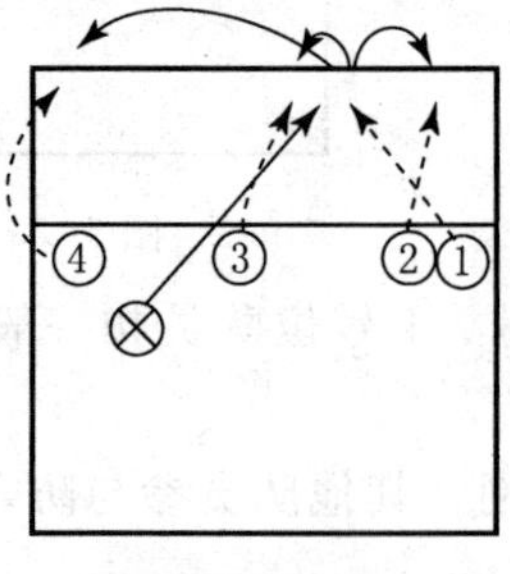

图 5-33

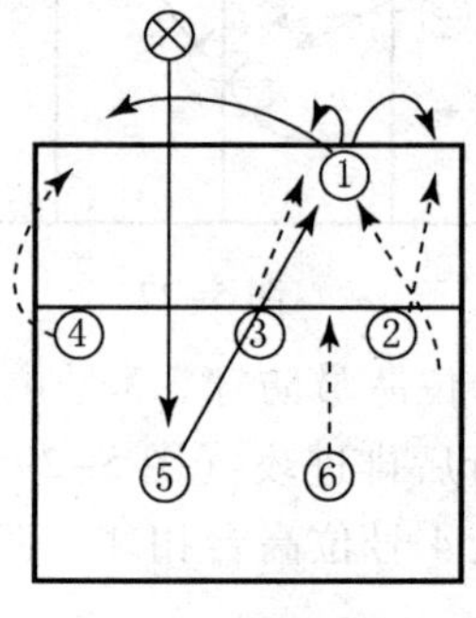

图 5-34

二、战术练习方法示例

（一）接发球及其进攻的练习

接发球及其进攻，主要包括接发球—二传—扣球等技术环节。

1. 发球—接发球练习

（1）短距离一发一接练习：3人1组，1人发低平球，1人接发球，相距8～9米，发球的速度由慢到快，到位15～20个球后相互交换（图5-35）。

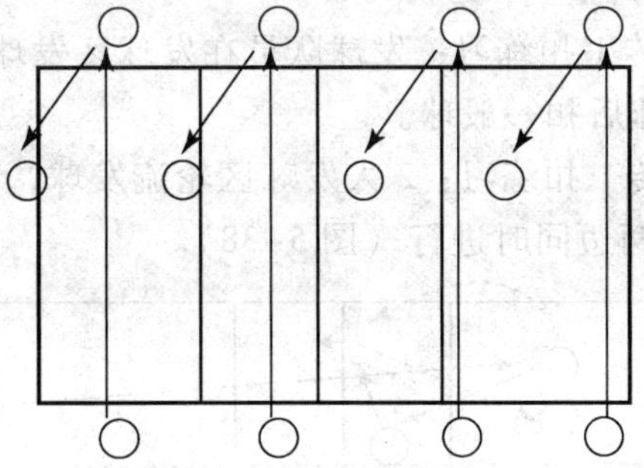

图5-35

（2）3发3接比赛：6人1组，3人站于发球区发球，3人接发球，两边同时进行。比谁先完成10个到位球，接发球连续失误两个，扣除1个到位球，发球连续失误两个则计对方接发球到位1次。

（3）发球—接球对抗：1人发球，5人接发球，两边同时进行，到位5～10个球转一轮。可根据本队的战术需要，选择4人接发球或3人、2人接发球。

2. 发球—接球—传球（调整）练习

（1）1发3接1调练习：两边同时进行对抗，比哪一方先传10个到位球（图5-36）。

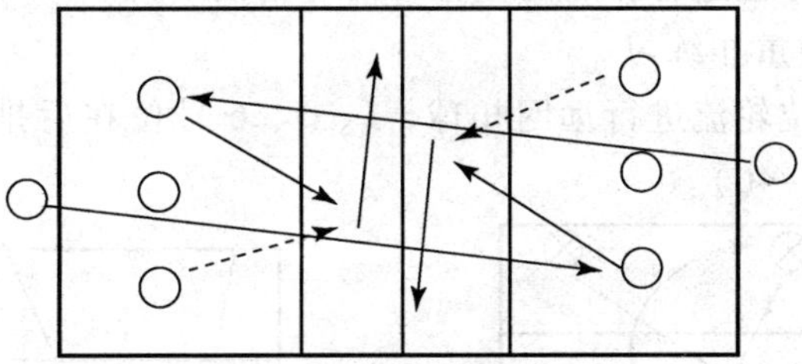

图5-36

（2）1发2接1调练习：为了增加接发球的难度，教师或队员站在后场区的高台上发球，两人1组接发球，1号位队员轮流插上传球（图5-37）。

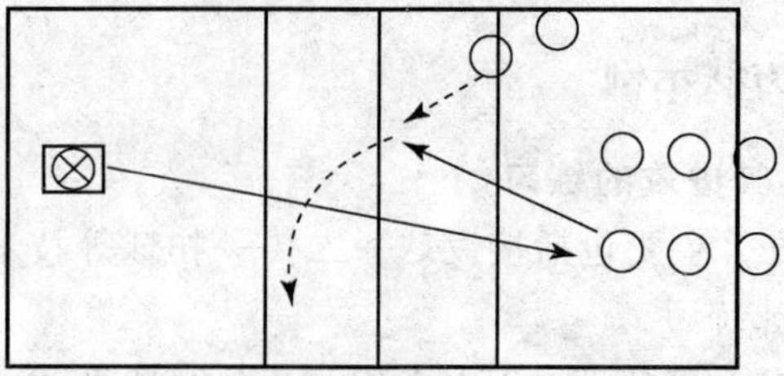

图 5-37

3. 发球—接球—调整—扣球练习

（1）1 发 1 接 1 传 1 扣练习：发球队员在发球区发球，对区 3 号位专人二传，4 号位队员接发球后扣一般球。

（2）2 发 2 接 1 传 1 扣练习：2 人发球区轮流发球，1 人固定传球，2 人接发球后直线扣球，可两边同时进行（图 5-38）。

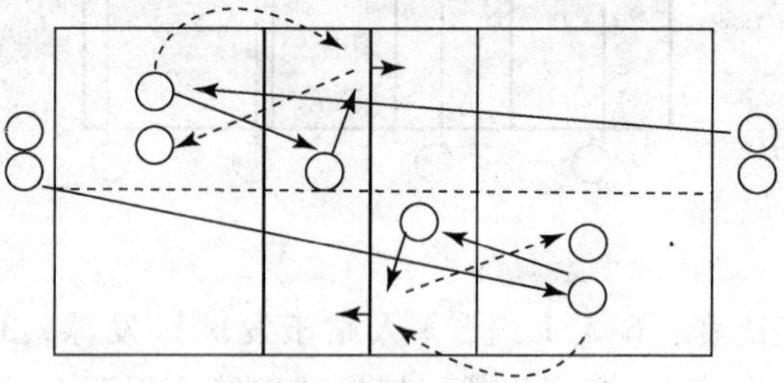

图 5-38

（二）接扣球、吊球及其进攻的练习

1. 3 人连续专位防守练习

1 人在地面或隔网在高台上向指定区域扣球、吊球，3 人连续防守起球，15 ~ 20 个到位球为 1 组。

2. 2 扣 3 防练习

固定 2 人在 2、4 号位网前扣球或吊球，1、5、6 号位队员防守及接应，把球调整到 2、4 号位适合扣球的位置，计时轮换（图 5-39）。

3. 3 人 1 组防重扣练习

对方 2、4 号位轮流进行远网扣球，1、5、6 号位在后排防守，10 ~ 15 个到位球 1 组（图 5-40）。

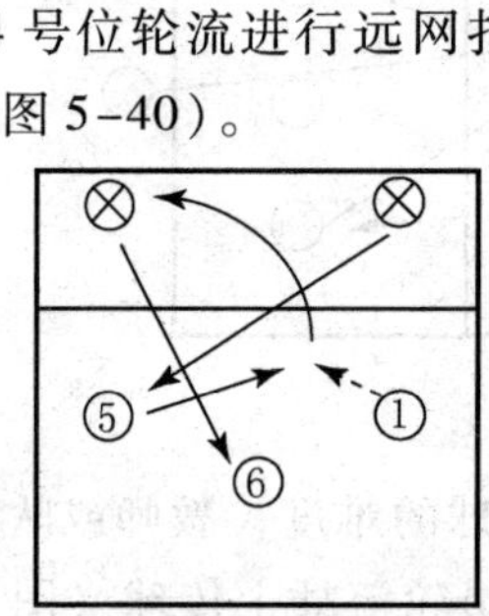

图 5-39

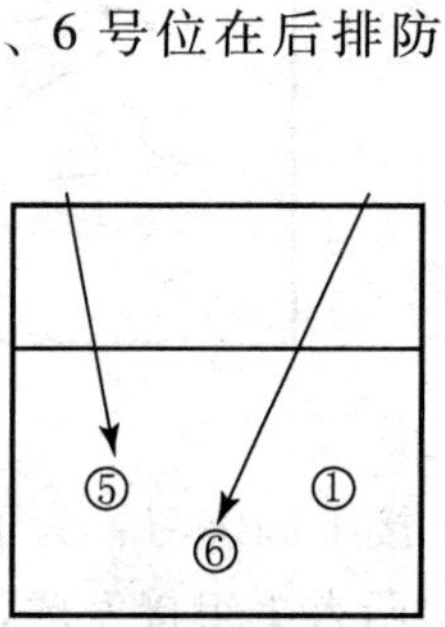

图 5-40

（三）接拦回球及其进攻的练习

1. 保护练习

（1）网前自我保护练习：队员轮流在4号位扣球，1名队员隔网站在高台上，队员击球后同伴立即向该队员身体附近（体侧或身后）抛出模拟拦回球，该扣球队员要在落地后立即移动，争取防起球。

（2）双人拦网下的保护练习：对方2人1组定点拦网，固定1人在后排抛球，二传队员组织各种进攻后，场上队员参加保护。也可组成3人定点拦网，以强化保护练习（图5-41）。

2. 保攻—调整—扣球练习

（1）模拟拦回球“保攻”练习：4号位队员跳起佯扣，1队员在高台模拟抛各种拦回球，场上队员积极保护，力争起球组织进攻。2、3号位队员也可参照进行。

（2）集体拦网下的“保攻”练习：2号位队员扣球，对方组成2人或3人的集体拦网，可有意识地扣在拦网队员的手上，场上队员积极保护，力争起球组织进攻。3、4号位队员也可参照进行（图5-42）。

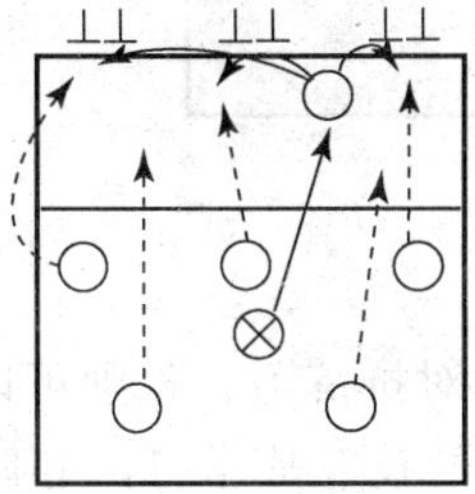

图5-41

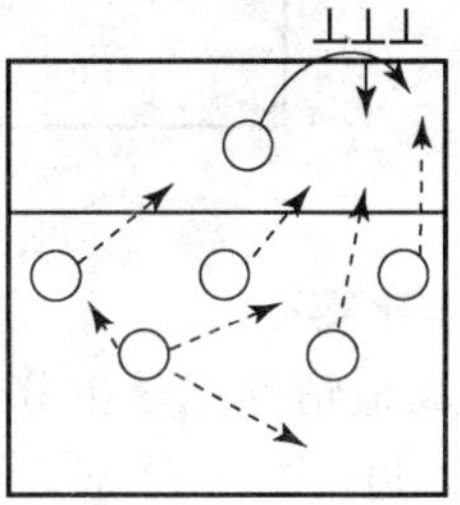

图5-42

（四）接传、垫球及其进攻的练习

对于对方直接传、垫过网的机会球，要争取把一传调整到位，以便于二传组织进攻战术。

1. 组织“中一二”进攻练习

1名队员隔网将球抛或发向后场，2、4号位队员迅速后撤接球或准备进攻，3号位队员在网前或后撤至进攻线附近以“中一二”阵型组织进攻，后排队员也可参与后排进攻。

2. 组织“边一二”进攻练习

有意识地将球抛向中场或远角附近，3、4号位队员迅速下撤准备接球或进攻，2号位队员做好打“两次球”或接应传球的准备，后排队员主动接球，以保证前排快攻的组成，同时也可以参加后排进攻（图5-43）。

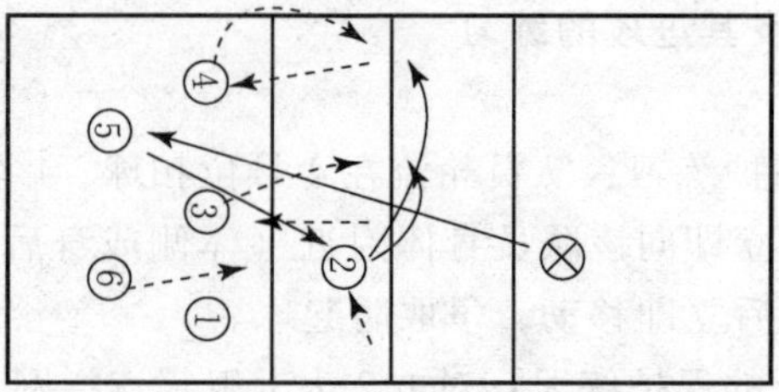

图 5-43

3. 后排插上“边一二”进攻练习

将球抛向后场或远角附近，2、3、4 号位队员迅速下撤准备接球或进攻，1 号位队员快速“插上”组织进攻，后排 5、6 号位队员接球后也可以参加后排进攻（图 5-44）。

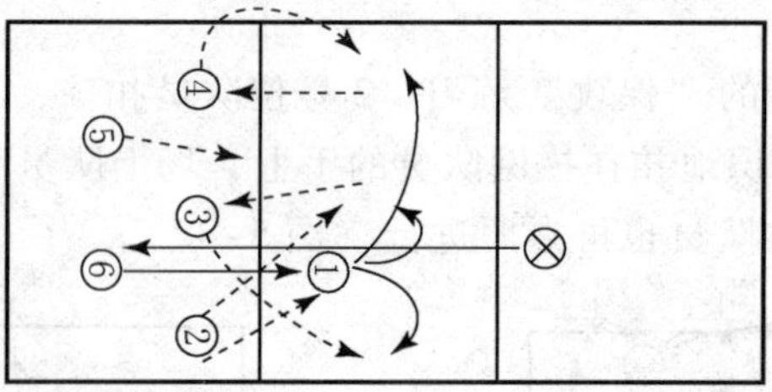

图 5-44

（五）教学比赛

教师根据场地情况把学生分组，进行实战对抗练习，教师可以规定每队是“中一二”或“边一二”阵型，结合前面练习的技、战术打法和防守站位，双方进行 1 局 1 胜制 15 分的实战演练。看哪方技、战术运用得好。

知识链接 5-3

一、排球战术练习的注意事项

1. 根据本队的实际情况，选择适宜的战术进行练习，避免华而不实。

2. 战术的练习应遵循由简到繁、由易到难、循序渐进的原则，防止盲目冒进。

3. 采用分解和完整教学法相结合，先攻后防，注意攻防之间的衔接，加强技术与战术的串联练习，防止各环节的脱节。

4. 抓好主要战术练习的同时，加强“小球”等轻技术的练习，提高队员处理各种来球的能力。

二、战术与技术之间的关系

战术与技术两者之间是互相联系、互相依存、互相促进、互相制约的辩证关系。技术是战术的基础，没有全面、熟练的技术为基础，战术就无从谈起。战术是技术的合理组织与有效运用。技术决定战术，战术可以反作用于技术，促进技术的发展与提高。

战术和技术是在实践中不断发展的。技术的发展往往走在战术的前面，改进原有技术或出现某种新技术就可能形成新战术。但是先有新战术设想，再着手改进练习技术，也可促进新技术的发展与提高。

思考题

1. 简述排球比赛中个人战术运用的时机。
2. 排球比赛阵容配备的原则是什么？
3. 简述进攻阵型的种类及特点。
4. 简述插上进攻阵型及其优缺点。
5. 集体拦网时应注意哪些事项？
6. 简述双人拦网时“心跟进”“边跟进”的防守阵型。

第六章 排球竞赛组织工作

章前导言

排球竞赛是排球锻炼与比赛的重要组成部分，是宣传、普及和提高排球运动水平最有效的措施。学校是开展排球运动的主要场所，组织排球比赛是学校体育教育的主要内容之一，通过比赛能活跃、丰富大学生的文化生活，促进校园精神文明的建设。同时可以推动群众性排球运动的开展，促进排球技术水平的提高。通过学习本章的内容，使大学生能够对组织排球比赛有一个全面的了解，同时有能力参与竞赛的组织与编排。

学习目标

1. 了解排球竞赛组织者的工作内容。
2. 学习排球竞赛编排的基本知识与基本方法。
3. 掌握各种竞赛制度在排球竞赛中的运用方法与要求。
4. 懂得制定一次比赛的竞赛规程。
5. 可以完成一次比赛的编排任务。

关键词

竞赛组织　编排　循环　淘汰

第一节　排球竞赛的意义和种类

一、排球竞赛的意义

组织排球竞赛是推动排球运动发展的有力措施之一，也是检查排球教学和锻炼效果的重要手段。通过国际排球竞赛可以增进我们与世界各国人民的友谊，提高国家的威望，对促进我国排球技、战术水平的提高也具有非常重要的作用。竞赛还可以提高人们的自我认识能力和自信心，增强竞争意识和团队精神。因此，排球竞赛的意义是非常重大的。

二、排球竞赛的种类

排球竞赛的种类分为：综合性运动会中的排球比赛、联赛、锦标赛（杯赛）、邀请赛、友谊赛和选拔赛等。

（一）综合性运动会中的排球比赛

比如奥运会、亚运会、全运会排球比赛。

（二）联赛

联赛是技术水平较高、运动成绩较好的运动队参加的比赛，目的是检查训练，交流经验，评定和调整各队的等级，如全国排球甲级联赛、全国排球乙级联赛。

（三）锦标赛（杯赛）

锦标赛（杯赛）是由竞赛的主办国家、地区、系统、体育协会设定的，一般是定期举行。

（四）邀请赛

邀请赛是由一个单位主办，邀请一些单位参加的一种友好交往性比赛。

（五）友谊赛

友谊赛是一种双边的比赛活动，如国际的访问比赛、校际间的友谊交流比赛。

（六）选拔赛

为了选拔参加某个重大比赛的代表队而举行的比赛。通过比赛，可选优胜队为代表队，也可选各队中的优秀运动员组成代表队。

知识链接 6-1

奥运会排球赛知识

现代奥林匹克运动会创始于1896年，每4年举行1届，直到1964年第18届东京奥运会，排球才正式列为奥运会比赛项目。

奥运会排球赛是世界最高水平的、影响最为广泛的排球比赛。受到各国政府、体育组织和运动员的重视。参加奥运会比赛的队伍要经过严格的选拔。参赛队伍为男、女各12支：主办国1个队；上届世界杯赛前3名的3个队；五大洲奥运会预选赛产生的5个队；国际排球联合会在奥运会前直辖举行的奥运落选赛上产生的3个队。

中国女排从1984年开始至今参加了6届奥运会比赛，分别在1984年和2004两次获得奥运会冠军。

中国男排在1984年第23届美国洛杉矶奥运会上取得了第8名，2008年以东道主身份参加北京奥运会同样进入前8名，获得并列第5名的成绩，创造了中国男排在奥运会上的最好战绩。

三、我国高校开展排球比赛的必要性及竞赛的组织形式

（一）开展排球比赛的必要性

高等学校是我国开展排球运动的主要阵地。传统的体育教学使学生在练习中缺乏积极性和主动性。在高校的排球课教学中，应当根据排球运动的特点，采用分组练习、小组对抗的教学方式，把比赛运用于教学的主要环节，使学生在自己的团体中共同练习、共同提高，让学生成为教学过程中的积极参与者。学生为了在比赛中发挥得更好，体会比赛的乐趣，就会认真地学习基本技术。比赛中一次成功的接球、传球或扣球都会增强学生的自信心。

在深化体育教学改革的过程中，特别是在我们倡导“健康第一”、“终身体育”指导思想的今天，科学合理地运用“比赛教学法”，为排球课教学注入新的活力，开展班级之间或内部小组对抗赛，可以强化他们的竞争意识和团队合作精神，激发他们对排球运动的兴趣。

组织排球比赛是高校体育活动的内容之一，也是推动排球运动发展的重要措施和检验学校排球教学的重要部分，成功举办排球比赛对促进高校体育工作的开展有重要作用。

（二）高校排球比赛的组织形式

高校开展排球运动的形式可以说是多种多样，学校要根据本校场地情况、学生选修排球课程的情况及学生对排球运动的热爱程度等综合因素来确定组织

形式、几人制以及比赛实施的规则，争取多组织排球比赛，丰富学生的校园文化生活，促进学校排球运动的开展。

1. 教学过程中的小组对抗赛

把学生分成人数均等的若干小组，有一定的技术基础后进行网上对抗，安排小组间的对抗赛，可男女分开或混合配置，开始时甚至可以允许连击，可以4次击球后过网等，给学生自由的空间，便于学生对技术的掌握与运用。教学比赛过程中要求学生既要迅速判断、移动，又要合理地运用技术相互配合，这种适时的教学比赛可以增添练习气氛，促进学生技能的掌握。

2. 男生组、女子组6人制排球对抗赛

这种比赛形式和正式国际比赛类似，球网高度可以根据身体素质、技术掌握情况自行确定，如男子2.30米、女子2.00米；初学者甚至可以允许4次击球过网，对持球、触网的犯规判罚适当放宽。对于水平较高的队伍球网高度、技术要求可适当严些。比赛可采用3局2胜制，每局15分制，其他比赛规则参照第七章排球竞赛规则。

3. 男女混合排球赛

这种比赛比较适合于在学校开展，如班级内部、学院之间均可组织比赛。男女混合设置是为了吸引女同学的关注，培养学生的集体荣誉感，扩大排球运动的影响。

比赛方法：可采用4男2女或3男3女组合，男女间隔站位。球网高度为2.25~2.35米，不要求女生参与进攻扣球，男生不允许大力跳发球及前排的重扣，这样有助于提高女生参与排球锻炼的积极性，扩大了排球参与人群。其他具体的比赛规则可以参照6人制排球的比赛规则。

4. 9人制排球赛

排球运动在亚洲的发展过程中经历了16人制、12人制以及9人制到6人制演变的过程，我国自1951年开始广泛推广6人制排球，但9人制在我国流行了24年之久，至今在我国沿海地区，特别是一些“排球之乡”仍有不少爱好者参加9人制排球活动。对于高校学生来说，9人制比赛可以在初学阶段开展，只要学生掌握了简单的垫球、传球及发球就可采用9人制作为教学比赛形式。上场人数多可以减少学生之间的移动，每人负责各自位置区域，让学生感受排球比赛的氛围，通过比赛的竞争来重视对技术部分的学习。因上场人员较多中间交叉位置也增多，队员要积极去接球避免让球、漏球的出现。

比赛方法及规则设置：双方均上场9名学生，在9米×18米的场地上分3排站位，场上队员不必进行位置轮转和换位；采用下手发球，进行垫、传球组织的练习，要求只有击球5次（让每位学生都有触球的机会）才能将球击入对方场区；没有前后排之分，没有进攻线的限制。球网高度以2.10~2.35米为宜，采用 3 局 2 胜、每球得分制，最高限分为 15 分，先到 15 分者获胜。不必进行人员的轮转，但要规定发球的顺序，如采用蛇形旋转的方法来确定发球队员。

知识链接 6-2

9 人制排球的常见阵型

1.“三三三”阵型（图 6-1）

即 9 名队员分 3 排，每排站 3 人。

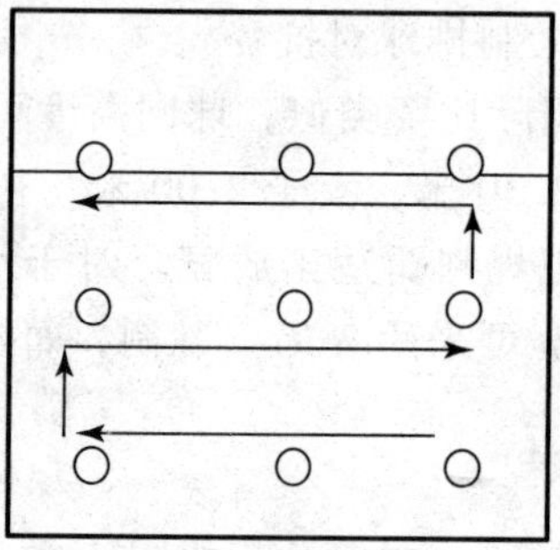

图 6-1 “三三三”阵型

此阵型的发球顺序可按图中箭头顺序轮流发球。

2.“四三二”阵型（图 6-2）

第 1 排站 4 名，在距中线 2.5 米附近；中间一排 3 人，取前排队员的空隙站位防止视线的遮挡；第 3 排 2 人，有利于队员看清来球线路。

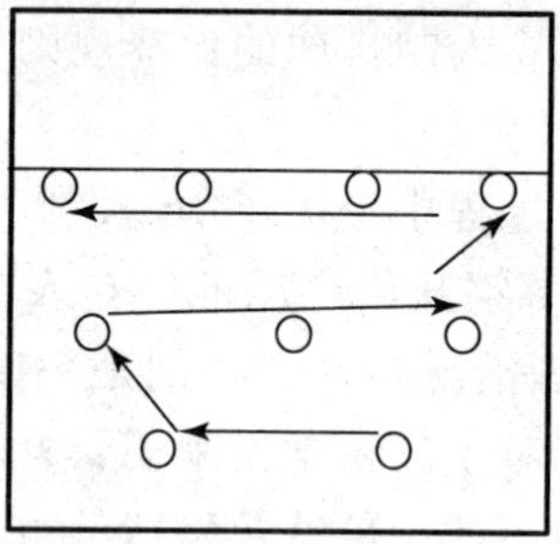

图 6-2 “四三二”阵型

5. 4 对 4 排球对抗赛

比较适合于作为锻炼者练习提高个人水平的训练方法，可以提高锻炼者攻防的能力，因为每人的击球次数和频率均增加。目前没有正式的 4 人制比赛规则，可根据自身情况另行确定。

比赛方法及规则设置：双方各上 4 名队员，在正规排球场地，站位不受限制，要求4名队员全攻全守，不分前后排，不允许吊网前球，练习后排防守的能力。只允许单人拦网，前排1名队员作为固定二传，可进行二次进攻；其他队员均可在前排参与进攻。比赛采用3局2胜，每球得分制，每局最高15分，先到15分者赢1局或1场。其他规则参照6人制排球规则。

我们可以组织排球比赛的形式还有很多，比如：5对5比赛、7人制排球比赛等，但比赛的具体实施的规则可以根据技术水平、人员的多少参照排球竞赛规则来制定。我们确定了比赛的形式，那么比赛的顺序、轮次等怎么确定呢？本书将在下一节对比赛的组织和编排做详细介绍。

第二节　排球竞赛的组织工作

一、竞赛工作的程序

排球竞赛组织工作有两个层次：第一是竞赛的策划、组织、调控，这是竞赛组织者的主要工作之一；第二是对竞赛组织工作的具体操作与实施。这是一次比赛中负责业务部门的主要工作之一。

（一）排球竞赛前的组织工作

1. 成立排球竞赛组织机构

在组织一次比赛时，首先要依照有关规定成立组织委员会（简称组委会）（图6-3），使之成为一次比赛的权力机构。在组委会的领导下，保证竞赛的各项工作正常进行。

图6-3　排球竞赛组织机构

各职能组织的职责范围如下：

（1）组委会：是竞赛的领导机构，负责制订、执行竞赛计划，审查和协调各组的工作，处理和决定竞赛中出现的问题和总结工作等。

（2）仲裁委员会：负责监督和保证竞赛规程和竞赛规则的正确执行，复审和裁决比赛期间在执行规程和规则中发生的纠纷并报告组委会。

（3）竞赛处：负责竞赛的组织编排及有关竞赛事宜。

（4）裁判委员会：负责竞赛裁判员的学习和分工。

（5）后勤处：负责比赛的场地和器材设备等相关事宜。

（6）宣传秘书处：负责赛事的宣传报道和思想教育等。

2. 排球竞赛工作机构及其主要工作内容

（1）策划组织者的主要工作内容：作为一次排球比赛的策划组织者，应对整个比赛的规模、要求及目标做到心中有数，这样在策划组织比赛时，才能恰如其分地使人力、物力、财力最大限度地发挥作用，使一次比赛以最低成本收到最可观的回报，这些回报可能是生理的、心理的或形象、品牌的宣传，也可能是经济上的收益或运动水平的提高。作为最高级管理者，应当对排球竞赛策划组织机构的主要工作内容和相互关系有清晰的认识，从而实现对整个比赛组织和运作的最佳调控。对比赛策划、组织调控的工作主要内容如图 6-4 所示。

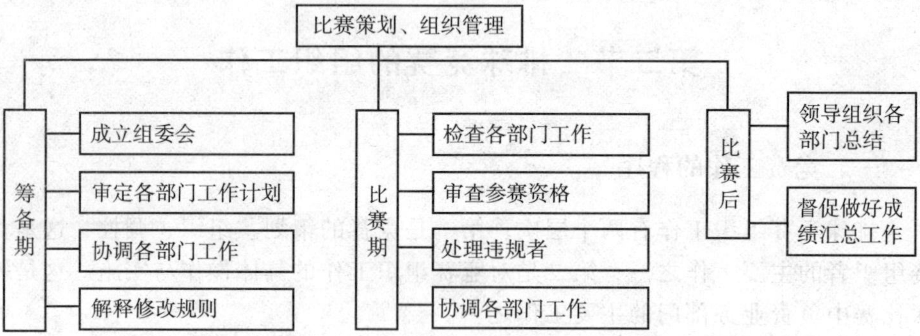

图 6-4　比赛策划、组织调控的工作内容

（2）竞赛部门的主要工作内容：竞赛部门指的是主管竞赛工作的业务部门，即竞赛处。它的主要工作是负责一次比赛的竞赛工作及相关事务，它是竞赛组织工作的调控者，也是竞赛工作的执行者。竞赛工作分为赛前、赛中、赛后 3 个阶段，各个阶段工作内容与任务均有重点（图 6-5）。

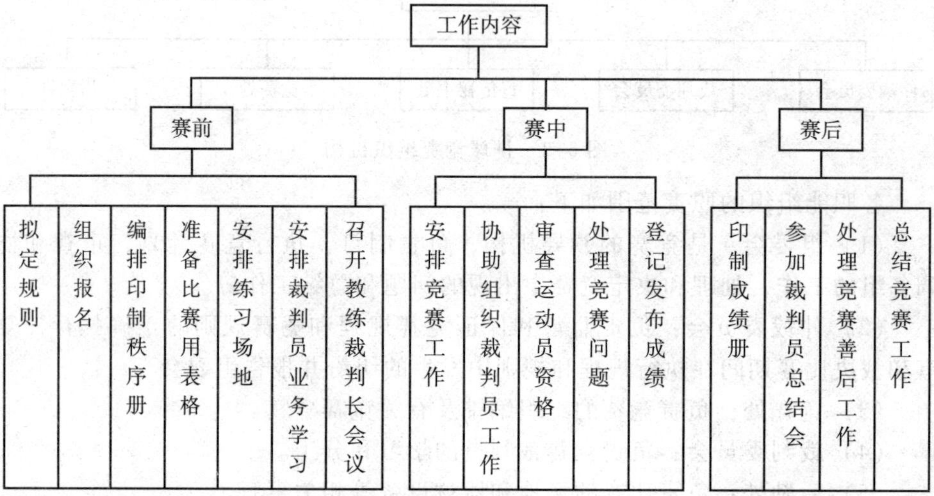

图 6-5　竞赛部门的工作内容

（二）制定竞赛规程

竞赛规程是竞赛组织者和参加者的指导性文件，在竞赛前由主办单位根据比赛的目的、任务制定。它是竞赛工作进行以及参赛报名的依据，因此要尽早发给有关单位，以便做好赛前准备工作。

排球竞赛规程要简明扼要，一般包括下列内容：

（1）名称：根据排球竞赛的任务提出比赛的名称。

（2）目的任务：根据排球竞赛的要求决定目的和任务。

（3）主办单位：主办的单位，如某市教育局、市体育运动委员会举办或学校体育部门。

（4）比赛组别：根据排球竞赛的目的和任务，确定比赛组别。

（5）比赛日程和地点：根据所采用的竞赛制度，定出预赛、决赛的日期，在决定日期和地点时，应考虑气候、食宿、供给、交通和比赛设备等条件。

（6）参加办法：给出报名的名额和队数限制，手续、报名日期和地点、各单位经费负责人，领队、教练、医生及裁判人数的规定等。

（7）竞赛办法和比赛采用规则：规定预赛、决赛所采用的竞赛制度（如循环制、混合制等），提出决定名次的办法以及比赛成绩相等时解决名次排列的方法，并明确规定竞赛所采用的规则。

（8）奖励方法：规定对集体和个人的奖励方法。

（9）抽签日期和地点：根据具体情况决定。

（10）规定有关注意事项：规定比赛的服装或携带物品等。

二、竞赛制度、编排与成绩计算方法

（一）编排工作的基本知识

1. 竞赛编排

竞赛编排是根据参赛队和竞赛规则，按一定的方法编排各队的比赛场次及日程。

2. 轮数

轮数是控制比赛负担量和估算比赛时间的重要参数之一。一般认为：参赛队都相应地赛完一场球，即比赛进行一轮。

3. 场数

估计比赛时间和比赛场地的重要参数之一。比赛场数即 1 次赛事总计比赛场数。

4. 节数

比赛时间的计算单位，一般将一天时间分为上午、下午、晚上 3 节，是估计场地、时间的重要参数之一。

5. 场地容量

场地容量即一块场地在一节时间里可以安排的比赛场数，这是编排工作中的基本量度。

6. 抽签

抽签是编排工作中必须采用的一种机遇性手段，是确定运动队在比赛中所处位置号的一种重要手段。

（二）编排工作的基本程序

1. 编制比赛的每一轮比赛秩序根据特定方法，编制出淘汰或循环制的比赛秩序

2. 抽签进入自己的位置号

通过抽签等方法，确定运动队所处的比赛秩序中的数字位置，从而明确自己每一轮次比赛的对手。

3. 编排竞赛日程

根据公开、合理原则在准确掌握竞赛的轮数、场数、天数和场地使用情况及运动员运动负荷量等因素后，将比赛秩序日程化，是将比赛秩序落实到具体时段的一种方法。

4. 编印秩序册

秩序册是竞赛工作的指南。秩序册一般包括比赛的竞赛规程、组织委员会名单、办事机构名单、仲裁委员会名单、裁判委员会名单、运动队名单、活动日程表、竞赛日程表、成绩表等。

（三）排球竞赛制度、编排工作及成绩计算方法

6人制排球竞赛常用的有循环制、混合制等；沙滩排球比赛常用淘汰制。

1. 循环制

排球比赛循环制主要采用单循环、双循环和小组循环3种。

（1）单循环制：参加比赛的各队之间均相互比赛1次，即为单循环赛。

① 循环赛的比赛场数计算公式：场数=队数（队数-1）/2

② 循环赛的比赛轮数计算公式：参赛队为奇数时，比赛轮数等于队数，参赛队为偶数时，比赛轮数=队数-1。

③ 单循环赛的一般编排方法：采用“逆时针轮转方法”进行编排，先以阿拉伯数字为代号，代替队名进行编排。把队数按U型走向分成均等两边，如遇单数队，最后一位数字为0。第一轮只要在U型相对队数之间画横线，即为第一轮比赛秩序。第二轮开始，固定在左上角数字不动，其余数字均按逆时针方向移动一个位置，即为该轮比赛秩序。如遇0队即为该队轮空。

例如：有7个队参加比赛，比赛秩序编排如表6-1所示。

表 6-1 单循环 7 队参赛比赛秩序编排表

第一轮	第二轮	第三轮	第四轮	第五轮	第六轮	第七轮
1—0	1—7	1—6	1—5	1—4	1—3	1—2
2—7	0—6	7—5	6—4	5—3	4—2	3—0
3—6	2—5	0—4	7—3	6—2	5—0	4—7
4—5	3—4	2—3	0—2	7—0	6—7	5—6

采用该种方法编排的优点是：参赛各队进度一致，编排方法简单，易操作检查。缺点是：当单数队 5 个队以上队数参赛时，抽签为倒数第二数字的那个队则在第四轮开始每轮均同是轮空队进行比赛，如上述的数字 6 代表的队。由此产生了球类比赛的不公平竞争现象，为了解决这一问题，目前，排球比赛大多采用国际上一种编排方法——“贝格尔”编排法。

④“贝格尔”编排方法：第一轮同传统方法，第二轮开始的编排同传统方法大相径庭：首先，最大号数（或 0 数）左右规则移动摆放在第一行的左或右边位置上，如第一轮该数位于右边，第二轮则摆动到左边，第三轮又移动到右边，如此反复。第二步，将上一轮右下角数字提到该轮第一行同最大数（或 0 数）相对应。第三步，将其他数字按数字同右下角提到第一行的这个数字的前后顺序关系进入位置。如 7 个队比赛的编排秩序见表 6-2。

表 6-2 7 队参赛比赛秩序“贝格尔”编排表

第一轮	第二轮	第三轮	第四轮	第五轮	第六轮	第七轮
1—0	0—5	2—0	0—6	3—0	0—7	4—0
2—7	6—4	3—1	7—5	4—2	1—6	5—3
3—6	7—3	4—7	1—4	5—1	2—5	6—2
4—5	1—2	5—6	2—3	6—7	3—4	7—1

（2）双循环制：参加比赛的各队之间均相互比赛两次，即为双循环制。

采用双循环是为了队伍之间的交流和锻炼队伍。一般在比赛队较少时采用。双循环赛通常分为两个阶段，由两个单循环赛组成。第二循环比赛方法可与第一循环完全相同，也可根据第一循环比赛的成绩，采用抽签，重新确定各参赛队在第二循环中的比赛序号，然后进行编排。

双循环比赛秩序编排方法与单循环比赛秩序编排方法相同。

（3）小组循环：参赛队较多而竞赛时间较短时，为了比较合理准确地确定各队名次，可采用分组循环的比赛方法。把参赛队平均分成若干小组，一般为 2 或 4 个小组。在小组内进行单循环比赛，决出名次，然后根据情况把优胜队或同名次的队再进行小组单循环比赛排出最终名次。在预赛中已经相遇的队，决赛不再比赛，将两队在预赛阶段的比赛成绩带入决赛。

分组办法：采用蛇形编排法（以 16 支参赛队为例，图 6-6）。

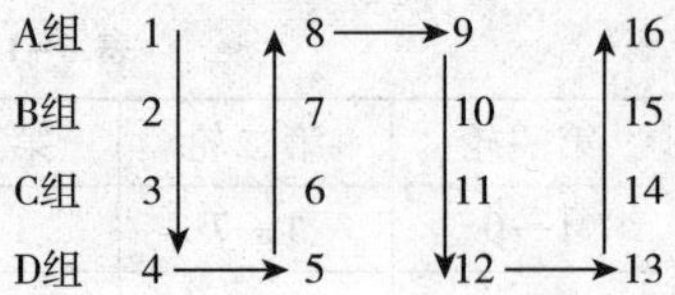

图 6-6

（4）循环制比赛日程的编排

① 依据排好的比赛秩序表，再按规程规定的方法将数字换成队名，然后填于秩序表中，最后编好比赛日程表（表 6-3）。

表 6-3　循环制比赛日程表

日期	时间	组别	比赛队	场地
6 月 5 日	18：30	女	护理—文学	室内一
6 月 5 日	18：30	女	数学—外语	室内二
6 月 5 日	20：30	男	化工—土建	室内一
6 月 5 日	20：30	男	机械—医学	室内二

② 编排日程表时要尽量做到各队的比赛场地和比赛时间机会均等。

（5）循环制成绩计算方法

① 根据排球规则所定，以每个队的比赛总积分高低决定各队名次，积分高者名次列前。胜 1 场得 2 分，负 1 场得 1 分，弃权取消该队全部成绩。

② 如遇两队或两队以上积分相等，则按下列办法决定名次：计算 C 值，C 值高者名次列前。

$$C\text{ 值}=A(\text{胜局总数})/B(\text{负局总数})$$

③ 如 C 值仍相等，则计算 Z 值，Z 值高者名次列前。

$$Z\text{ 值}=X(\text{总得分数})/Y(\text{总失分数})$$

④ 如果两个队 Z 值仍相等，应按他们之间的胜负来决定名次；如果 3 个队或以上队 Z 值相等，则按他们之间的净胜局数决定，即胜局总数减负局总数。

（6）单循环赛成绩统计表（表 6-4）

表 6-4　单循环赛成绩统计表

队名	电气	机械	外语	护理	土建	积分	局分						排名
							A	B	C 值	X	Y	Z 值	
电气		2 : 3	3 : 2	3 : 2	3 : 1	7	11	8	1.38	220	176	1.25	2
机械	3 : 2		3 : 1	3 : 2	2 : 3	7	11	8	1.38	200	191	1.05	3
外语	0 : 3	1 : 3		3 : 0	0 : 3	5							4
护理	2 : 3	2 : 3	2 : 3		0 : 3	4							5
土建	1 : 3	3 : 2	3 : 0	3 : 0		7	10	5	2				1

(7) 循环制特点

① 循环制场次较多，有利于比赛队增加比赛场次，锻炼队伍。

② 循环制各队比赛场次相同，公平竞争机会均等，决定名次办法合理，能客观反映队伍成绩。

③ 循环制由于比赛场次多，因此比赛周期长，对人力、财力、物力均有较高要求。

2. 淘汰制

6 人制排球比赛采用淘汰制的机会不多，但沙滩排球比赛需采用淘汰制进行编排。

淘汰赛主要是在参赛队数较多，比赛时间短时采用。运动员按排定的秩序进行比赛，胜队进入下一轮比赛，负队淘汰，赛至最后一场比赛胜者为冠军，负者为亚军，即为单淘汰赛。单淘汰赛比赛秩序的编排如图 6-7 所示。

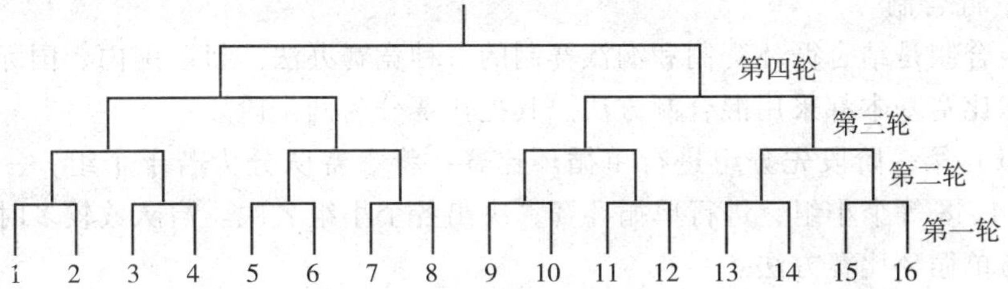

图 6-7 单淘汰赛比赛秩序的编排图

(1) 单淘汰赛比赛场数等于参赛队数减 1。如 16 个队参赛则比赛场数等于 15 场。

(2) 单淘汰赛轮数计算方法为 2 的乘方数即比赛轮数（通常选择参赛队数最接近的 2 的乘方数）。如 16 个队参赛为：16＝2 的 4 次方，即比赛 4 轮；30 个队参赛为：32＝2 的 5 次方，即比赛 5 轮。

(3) 单淘汰赛编排中设定种子队问题：单淘汰赛固然有对抗性强、容量大、节约时间等优点，但在理论和实践上却表现为一系列不合理性，最突出的是比赛偶然性大，因此，比赛中常用设立种子队方法来保证一些强队不在前几轮中遇到淘汰。

种子队一般由排名在前的队担任，种子队的数目一般是参赛队队数的 1/6 或 1/12。种子队在编排中的具体数字位置可以通过查找种子队位置表获得。

(4) 单淘汰赛“轮空”队问题：当参赛队不是 2 的乘方数时，则须安排一部分具体数字的位置“轮空”，目的是使第一轮比赛的对应数字正好是 2 的乘方数，以克服单淘汰赛的比赛秩序不完整性。

轮空数目等于编排采用的数字位置减去参赛队数。如 14 个队比赛则 16－14＝2，即有 2 个轮空数。轮空队在编排秩序中所占的具体数字位置可以通过查找“轮空位置表”获得。如 14 个队比赛编排方法。首先，设立 2 个种子队，通过查表，获得编排秩序中具体数字 1、16 分别是种子队所处位置。其次，确定轮空数为 2 个，通过查表，分别获得秩序表中具体数字 2、15 是轮空位置，具体编排秩序（图 6-8）。

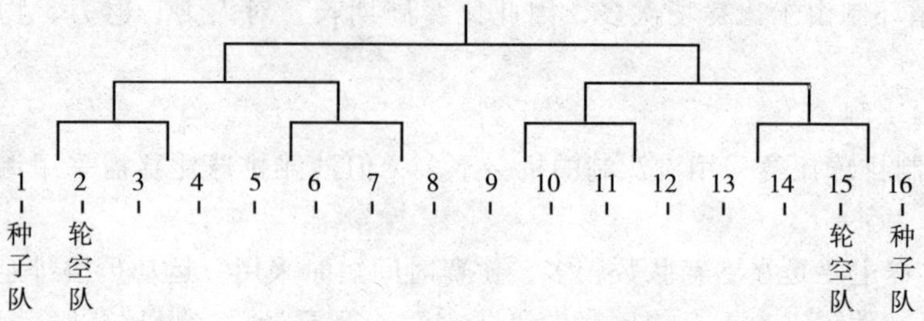

图 6-8 轮空队编排秩序示例

3. 混合制

混合制是结合循环赛制和淘汰赛制的一种竞赛办法。目前国内、国际 6 人制排球比赛基本都采用混合制方法。其把比赛分为两个阶段：

（1）第一阶段先分组进行单循环比赛：将参赛队分为若干个组，一般分为 2、4、8 等个小组，进行单循环赛，决出各个小组名次。当队数较多时，常用分组单循环比赛方法。

（2）第二阶段交叉决赛：在第一阶段循环赛的基础上进行第二阶段决赛。

① 交叉淘汰赛：第一阶段各小组前 2 名交叉决出 1 ~ 4 名，3、4 名决出 5 ~ 8 名，以后名次决赛办法，依此类推。第一天先进行交叉赛，第二天胜者同胜者，负者同负者决赛，具体编排方法（图 6-9）。

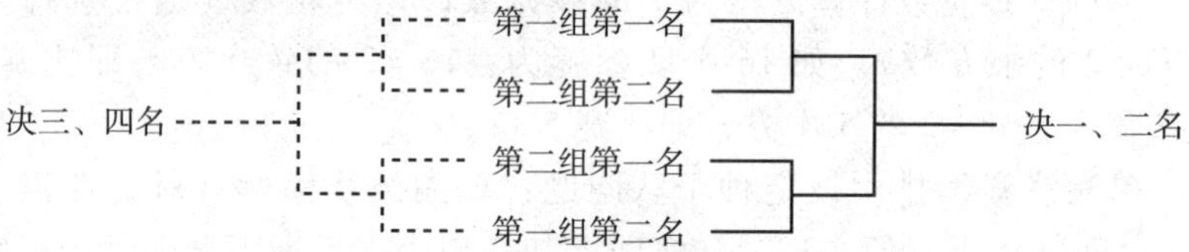

图 6-9 交叉淘汰赛法

② 第二阶段佩奇（PAGE）制决赛办法：在第一阶段各小组名次基础上的第二阶段一种决赛办法，具体比赛秩序编排（图 6-10）。

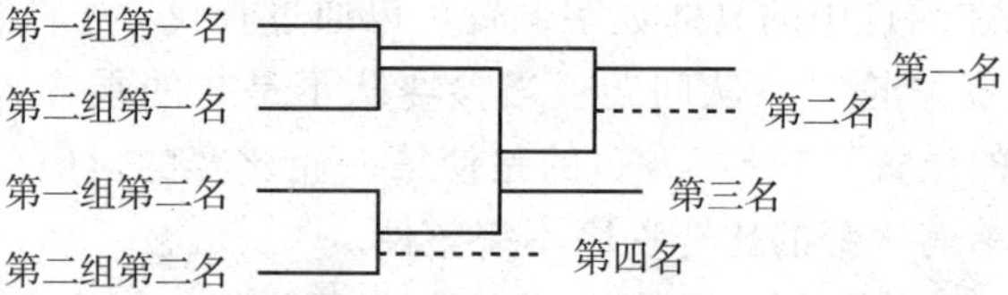

图 6-10 佩奇制决赛法

知识链接 6-3

排球 3 大赛的赛制

1. 奥运会排球赛赛制

参赛的 12 支队伍抽签分到 A、B 两个小组，先在小组内进行单循环赛，每组前 4 名进入 8 强，每组后两名淘汰；8 强赛为交叉淘汰赛，对阵形式为：A1－B4；A2－B3；A3－B2；A4－B1，之后 A1－B4 组的胜出者与 A3－B2组的胜出者争夺一个半决赛名额，A2－B3 组的胜出者与 A4－B1 组的胜出者争夺另一个半决赛名额，最后决出冠军。

2. 世界杯排球赛赛制

世界杯排球赛赛制非常简单，就是 12 支球队的大循环，也就是每支队伍都要打 11 场比赛。

世界杯由各大洲锦标赛冠亚军球队、东道主和一个外卡名额共 12 支队伍分 A、B 两个组在不同的城市分 3 个阶段进行较量，也就是第一阶段为同组较量，第二、三阶段为两组大较量。最后按各队胜负场次和 C 值 Z 值排出名次。

3. 排球世锦赛赛制

排球世锦赛的赛制最为繁琐，分为两阶段小组赛、半决赛和决赛。

第一阶段：24 支球队被分为 4 个小组 A、B、C、D，每个小组 6 支队伍，组内单循环后确定小组排名，小组前 4 名晋级第二阶段，第五、六名被淘汰出局；这一阶段每支球队要进行 5 场比赛。

第二阶段：晋级的 16 支球队被分为 E、F 两个小组，E 组为 A、D 组的前 4 名，F 组为 B、C 组的前 4 名，每个小组为 8 支球队，仍然采用单循环赛，同时第一阶段的成绩要带入第二阶段，即第一阶段小组赛时交过手的队伍在第二阶段不再交手，这样在第二阶段每支球队只进行 4 场比赛；每小组前两位直接进入 4 强。

第三阶段：E、F 组前两名进行交叉半决赛，E1－F2、F1－E2，胜者进行冠亚军决赛。

思考题

1. 什么是单循环、双循环和分组循环的比赛方法？

2. 以 10 个队为例，采用“贝格尔”法编排单循环比赛轮次表。

3. 什么是单淘汰的比赛方法？

4. 编排一个 28 个队参赛的单淘汰比赛轮次表，其中要安排好 4 个种子队的位置。

第七章　排球主要竞赛规则与裁判手势图解

章前导言

没有规矩，不成方圆。排球运动能发展到今天且被世人所关注，是因为它有严格的比赛规则和严密的竞赛组织原则。比赛规则的存在保证了比赛的公正和在相对稳定的条件下得以顺利地进行，而规则的修订又使排球这项集健身、娱乐和可观赏性于一体的运动向健康的方向发展。

学习目标

1. 了解排球竞赛规则。
2. 学会排球场地的画法。
3. 了解裁判员的判罚手势。

关键词

排球竞赛　规则　裁判手势

第一节 排球主要竞赛规则简介

一、排球比赛的特征

排球比赛是两支人数相等的队伍在由球网分开的场地上举行比赛的集体项目。它可以有多种比赛方式，以适应各种不同性质比赛的需求，从而不断推动排球运动的广泛开展。比赛的目的是各队根据规则，将球击过球网，使其落在对方场区的地面上，而防止球落在本方场区的地面上。每队可击球 3 次（拦网触球除外）将球击回对方场区。比赛由发球开始，发球队员击球使球从网上飞至对方场区，比赛由此连续进行，直至球落地、出界或某一队不能合法地将球击回对方场区。排球比赛采用的是每球得分制，发球队得分并继续发球；接发球队得分时，获得发球权，同时队员按顺时针方向轮转一个位置。

二、排球比赛场地的规格

排球比赛场地包括比赛场区和无障碍区（图 7-1）。

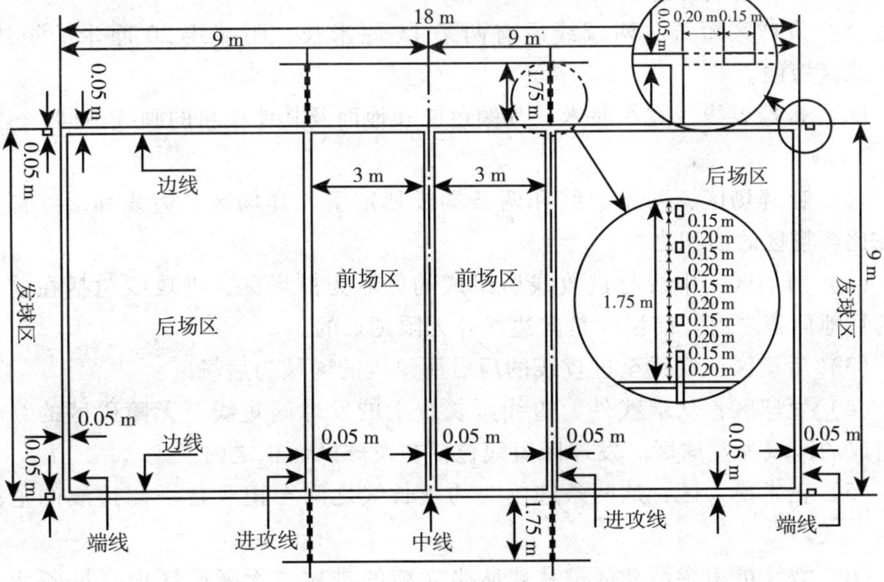

图 7-1　排球比赛场地示意图

（一）场地的面积与地面

1. 场地面积

比赛场区为长 18 米、宽 9 米的长方形。

2. 无障碍区

比赛场区四周至少有3米宽的无障碍区，从地面量起向上至少有7米的无障碍区。国际排球联合会（以下简称国际排联）的国际比赛要求边线外至少有5米，端线外至少有8米的无障碍区，从地面量起向上至少有12.5米的无障碍区。

3. 场地地面

比赛场地的地面必须平坦、水平并且划一。场地的地面不得有任何可能伤害队员的隐患。不得在粗糙、湿或滑的场地上举行比赛。国际排联世界性比赛场地的地面只能是木质或合成物质的。室内比赛场地的地面必须是浅色。室外场地为了排水可有5毫米/米的坡度，但不得用任何坚硬的物体作为地界线。

（二）比赛场地上的界线与场区

1. 界线

（1）边线：比赛场地的两边的长线称边线。

（2）端线：比赛场地两端的短线称端线。

（3）中线：在网下连接两条边线的中点的线称中线。中线的中心线将场地分为9米见方的两个相等的比赛场区。

（4）进攻线：离中心线3米处各有1条长12.50米（实线长9米，两条虚线长3.5米）的线称进攻线。

（5）发球区短线：两端线后有两条15厘米长、距端线20厘米的短线，称发球区短线。

（6）排球界线线宽5厘米：其颜色应和地面及其他项目的画线不同。

2. 场区

（1）比赛场区：两条边线和两条端线划定了比赛场区。边线和端线都包括在比赛场区的面积之内。

（2）前场区：中线与进攻线所组成的区域为前场区，进攻线包括在前场区的场地面积之内。前场区是向边线外无限延长的。

（3）后场区：端线至进攻线的后沿所组成的区域为后场区。

（4）发球区：从端线外、边线延长线上的发球区短线至无障碍区的终端所组成的区域为发球区。发球区短线包括在发球区面积之内。

（5）正常换人区：从两条进攻线的延长线之间至记录台一侧边线的范围为换人区。

（6）教练员指导活动区：从球队坐席前的进攻线无障碍区内至准备活动区的范围为教练员指导活动区。

（7）准备活动区：大型正式比赛，在替补席远端，无障碍区外设有3米×3米的准备活动区。

（8）自由人换人区：从进攻线至端线内的区域为自由人上下场换人区。

（9）判罚区：判罚区位于控制区域内各端线的延长线后，1 米见方用红线框成的 1 平方米区域，内设两把凳子，供被判罚下场队员坐。

（三）场地的温度与照明

1. 温度

一般比赛时，最低温度不低于 10 ℃，国际排联世界性比赛的室内温度，最高不得高于 25 ℃，最低不得低于 16 ℃。

2. 照明

国际排联世界性比赛室内照明度在距地面 1 米的高度测量，应为 1 000 ~ 1 500勒克斯。

三、器材与设备

（一）球

1. 球的形状、材料

球是圆形的，由柔软皮革或人造革制成外壳，内装橡皮或类似材料制成的球胆。人造革材料必须经国际排联批准。

2. 球的颜色

可以是一色的浅色，或国际排联批准的多色球。

3. 球的气压、圆周、重量

球的气压为 0.30 ~ 0.325 千克/平方厘米（294.3 ~ 318.82 毫米汞柱），球的圆周为 65 ~ 67 厘米，重量为 260 ~ 280 克。

4. 球的统一性

在一次比赛中所用的球的圆周、重量、气压、牌号都必须是统一的。国际比赛的用球必须是国际排联批准的用球。

5. 国际排联世界性比赛均采用 3 球制。

（二）网柱

1. 网柱是两根高 2.55 米，可以调节高度的光滑圆柱。网柱一般有拉链式或插穴式网柱，但正式比赛要求必须用插穴式网柱，网柱外应有海绵类软式护套或用类似软布将网柱包好，以保护运动员不受伤害。

2. 两根网柱应垂直安装固定在两条边线的外侧，距边线 0.5 ~ 1 米的中心线的延长线上。

（三）球网

1. 球网为黑色，长 9.50 米，宽 1 米，网孔 10 厘米×10 厘米。

2. 球网应安置在中线、中心线的垂直面上空。

3. 球网上端部分缝有 5 厘米宽的白帆布带，用柔软的钢丝穿在其中。球网下面用直径 0.5 厘米的线绳从小网格中穿过。球网安装应上下拉紧，固定在网柱上，网面张紧，使击入到球网上的球能正常反弹。

4. 比赛规定的球网高度：成年男子比赛网高为 2.43 米，女子比赛网高为 2.24 米，少年男子比赛网高为 2.24 ~ 2.35 米，女子比赛网高为 2 ~ 2.15 米。基层比赛及儿童比赛网高可根据具体情况自行确定。

5. 球网丈量应从网中间开始，以中间丈量的网高为球网高度，球网两端的高度必须相等且不得超过规定网高 2 厘米。

（四）标志带

1. 标志带宽 5 厘米，长 1 米。颜色为白色。

2. 标志带分别安置在球网两端，垂直于边线。两条标志带的安置应紧贴于球网上。

3. 标志带被认为是网的一部分，其作用相当于网上的界线。

（五）标志杆

1. 标志杆长 1.80 米，直径 10 毫米，它是由玻璃纤维或类似质料制成的两根有韧性的杆子。

2. 两根标志杆分别设置在两标志带外沿球网的两侧。

3. 标志杆高出球网 80 厘米。高出部分每 10 厘米涂有明显对比的颜色，一般是红白相间。

4. 标志杆是球网的一部分，被视为过网区的边界，触标志杆即为出界。

（六）裁判台

1. 裁判台规则无特殊规定，但必须是高度可调节，便于裁判员工作的工作台。

2. 裁判台应牢固、平稳。外部应有海绵或类似材料护套，以避免运动员受伤。

3. 裁判台高度应以裁判员的水平视线高出球网上方 50 厘米为宜。

四、比赛方法

（一）正式比赛一般采用 5 局 3 胜制。但在各级比赛中，参赛队较多时可以采用 3 局 2 胜制。

（二）当队员的比赛行为违反竞赛规则时，裁判员鸣哨判其犯规，并判犯规的后果为对方胜 1 球得 1 分。

（三）5 局 3 胜制中，先得 25 分（决胜局 15 分）并同时超出对方 2 分的队胜 1 局，无最高分限制。先胜 3 局的队胜 1 场。

五、比赛的组织

（一）抽签

准备活动之前由第一裁判员主持抽签，抽签由双方队长参加，决定首先发球的队和场区。在决胜局比赛前，第一裁判员应再次召集抽签，抽签的获胜方可选择：①发球或接发球；②场区，另一方挑选余下部分。

（二）准备活动

在比赛开始前，如另有场地供比赛队做热身活动，则每队各有3分钟上网活动时间；如另无场地，则每队可活动5分钟。

（三）上场阵容

场上每个队必须始终保持6名队员进行比赛。队员轮转次序应按位置表登记的顺序进行，直至该局结束。

（四）位置

发球队员击球时，双方队员（发球队员除外）必须在本场区按轮转次序站位。如果队员不在其正确位置上，则构成位置错误犯规，判罚如下：①位置错误的一方被判失1分；②队员恢复到正确的位置。

（五）轮转

轮转次序包括发球及其他队员的站位，在整局中均按位置表填写顺序进行。接发球队获得发球权后，该队队员必须按顺时针方向轮转一个位置（2号位队员转至1号位发球，1号位队员转至6号位等）。没有按照轮转次序发球，应判为轮转错误，该队将被判罚失1分，队员应恢复到正确的位置上去。

（六）队员的替换

在裁判员的准许下，1名场上队员离开比赛场地，而由另1名队员替代其位置的行为，被称做替换。每一局每队最多可替换6人次，可以同时替换1人或多人，自由人换人不计入换人次数。自由人可以无次数限制地替换本队后排任意一名队员。

知识链接 7-1

上场比赛的球队，每队可以有1名自由防守队员，即我们俗称的“自由人”，正确的称谓应是：“后排自由防守队员”。自2000年1月1日国际排联推出新规则，“自由人”才有了明确的“名分”。国际排联增设自由防守队员的初衷是在排球技术出现攻守失衡的情况下，为了提高各队的防守能力，适应攻击力日益增长的发展趋势，使排球比赛更为激烈精彩。

合理地选择并运用“自由人”是战术运用的一个重要方面。“自由人”专司接发球和扣球防守，其上下场之间只需经过1次发球比赛过程，换人不计为正规换人次数，且次数不限。因此，选择接发球和后排防守技术高超的队员作为“自由人”，能大大提高全队的防守水平。当前排进攻、拦网队员体力下降需要休息并轮到后排时“自由人”又可替换上场，所以，合理地运用“自由人”能大大提高全队的攻防水平。

其实，“自由人”并不自由，“自由人”在比赛中所受的限制很多，如“不可在任何位置（包括场区和无障碍区）对高于球网的球完成进攻性击球”、“不允许发球、拦网和拦网试图”。也就是说，一切对对方有威胁的技术“自由人”都不能实施。除此之外，有些辅助进攻的动作也受到一定的限制，“如果他在前场区运用上手传球，其同伴不允许在高于球网处完成对该球的进攻性击球，但他可以在后场区自由传球”。这项规定就是“自由人”很少替换主二传的原因，因为他不能到进攻线前组织进攻，只能在后排调整球给攻手。

“双自由人”规则：2009 年 3 月 25 日消息，国际排联公布了最新版的排球规则，其中比较重大的改变是参加世界大赛的排球队队员人数可以从 12 名增加到 14 名，其中可以有 2 个“自由人”，而不是原来限制的 1 个，但是只有 1 人可以上场比赛，另外 1 人只能备用。每场比赛，主“自由人”只能被更换 1 次；备用“自由人”一旦上场，在同一场比赛中不能被主自由人替换回去；如果备用自由人在比赛中因伤不能继续，主“自由人”也不能回到场上，这时教练有权指定 1 名当时没有在场上比赛的常规运动员临时客串“自由人”。

2009 年 6 月 24 日消息，国际排联将在 2009 年 11 月份的日本世界大冠军杯赛上试验新的“双自由人”制度，其结果可能会使“自由人”变得更加自由，进而改善防守的质量。

国际排联的新设想是：每支球队中的自由人不仅可以增加到两名，而且两个人可以自由替换。同 2009 年 3 月 25 日颁布的新规则相比，新的自由人制度更加自由，有利于改善球队的防守质量。因为一旦有 1 名“自由人”发挥失常的话，教练员还可以选择另外 1 名“自由人”来保持防守的质量不至下滑。

国际排联当地时间 2009 年 6 月 23 日在其总部所在地瑞士洛桑发布的消息称，针对目前各个大洲和各个国家联赛中出现的自由人使用的混乱现象，国际排联召开了联席会议，决定在日本大冠军杯赛上试验新的“自由人”制度。如果效果不错的话，他们于 2010 年 2 月修改规则，要求世界各地的会员单位参照执行。

但是，国际奥委会出于“瘦身”的战略考虑，要求参加奥运会比赛的每支排球队的运动员人数不得超过 12 名。到 2012 年伦敦奥运会时，究竟是国际奥委会网开一面，接纳每队 14 名队员的新规定，还是国际排联“低头”，继续保持 12 名队员的旧限制，目前还是个未知数。

第二节　裁判员执行比赛的主要手势图解

裁判员的法定手势

（一）发球一方

一手侧平举，举向将要发球的一方（图 7–2）。

图 7–2　发球一方

图 7–3　允许发球

（二）允许发球

摆动发球队一侧的手臂（图 7–3）。

如果第一裁判员没有鸣哨允许发球，而发球队员将球发出当重新发球。

（三）发球延误

举起 8 个手指并分开，掌心向前（图 7–4）。

发球队员在第一裁判员鸣哨允许发球后 8 秒钟内必须将球击出。否则应判为发球延误犯规，换由对方发球，对方得 1 分。

图 7–4　发球延误

图 7–5　未将球抛起

（四）发球时未将球抛起

一手臂慢慢抬起，掌心向上（图 7–5）。

发球队员将球抛起后，必须在球落地前用一只手臂将球击出。如果没有将球抛起（或撤离），则判为犯规。身体的其他部位触球亦为犯规。

（五）发球未过网和队员触网

一手触网顶或触犯规一侧的球网（图 7–6）。

图 7-6　触网

图 7-7　位置错误

（六）位置和次序错误

一手食指在体前水平绕环（图 7-7）。

在发球队员击球时，其余的队员应在各自场区内按轮转次序站位，队员的位置应以脚的着地部分来判断。

发球击球时，后排队员不能比他相应（与他同列）的前排队员更接近中线，也不能平行。如后排 5、6、1 号位队员是分别与 4、3、2 号位队员相对应的，5 号位队员就不能站在 4 号位队员前面，也不能平行。但 5 号位队员站在 3 号位队员前面就不一定是犯规了（图 7-8，图 7-9）。

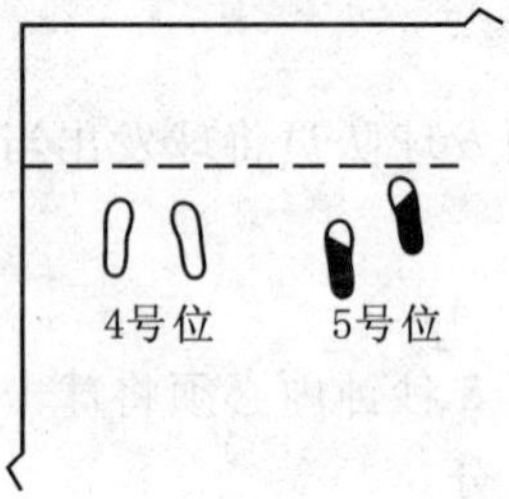

图 7-8　犯规

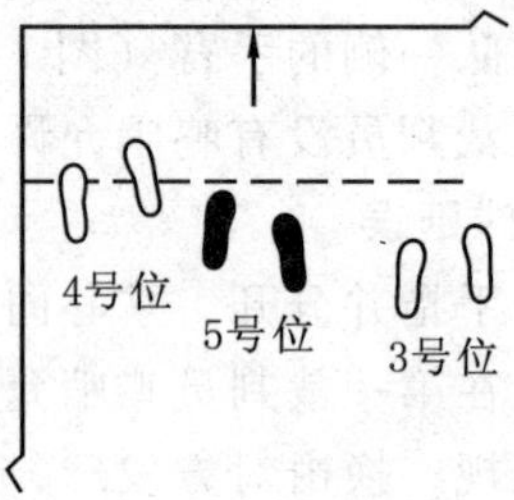

图 7-9　不犯规

在同排队员中，中间的队员不能比两侧队员更接近边线，也不能平行。按规则的说法是“右边（左边）队员至少一只脚的一部分，比同排中间队员的双脚距右（左）边线更近”（图 7-10，图 7-11）。

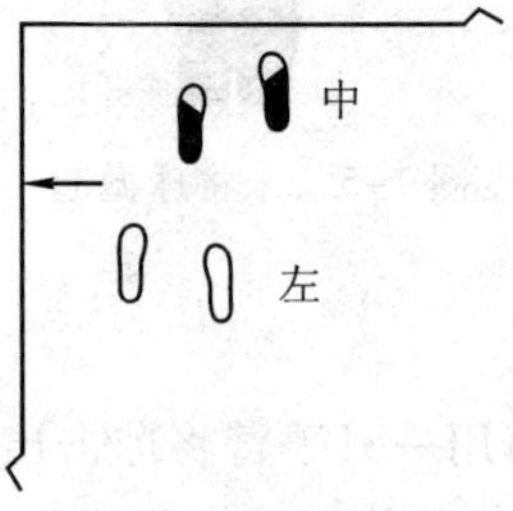

图 7-10　不犯规

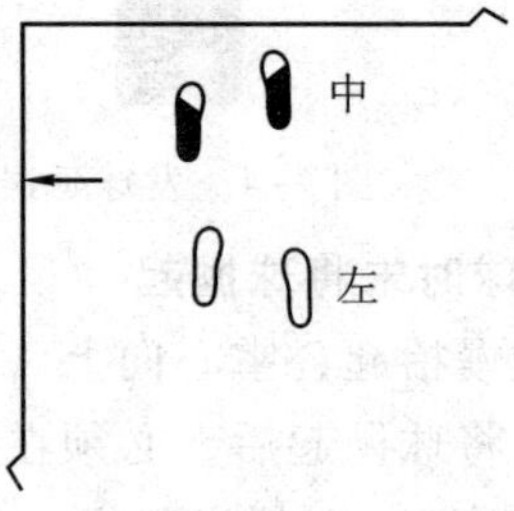

图 7-11　犯规

球被发出后，队员可以在本场区和无障碍区的任何地方，甚至跑到无障碍区外去救球，不再受位置约束。

如果某队被判为位置错误犯规，则失 1 分。队员应恢复到正确的位置上。

在排球比赛中，接发球队胜 1 球后得 1 分并获得发球权。该队队员必须按顺时针方向轮转 1 个位置。原先站在 2 号位的队员轮转到 1 号位发球。轮转是按照每局开始前教练员填写的位置表，并且登记在记分表上的次序进行的。如果没有按照正确的轮转次序发球，则判该队发球次序错误，判罚方法与位置错误判罚方法相同。如果在发球次序错误中已造成得分，则应取消所在错误中的得分，但对方的得分仍有效。

如果发球犯规与对方位置错误同时发生，判发球犯规；如果发球击球后的犯规与对方位置错误同时发生，判为位置错误犯规。

（七）界内球

整个手臂和手斜指向地面。球落在线上也属界内球（图 7–12）。

（八）界外球

两臂屈肘上举，手掌向后摆动（图 7–13）。

（九）触手出界

一臂屈肘抬起，手指向上，掌心向后，另一手摩擦其手指（图 7–14）。

图 7–12　界内球

图 7–13　界外球

图 7–14　触手出界

（十）4 次击球

一臂屈肘举起，伸出 4 个手指（图 7–15）。

每个队最多击球 3 次（拦网除外），将球从网上击回对方场区。无论是队员主动击球，还是被球触及，都算作该队击球 1 次。出现第 4 次击球，应判为“4 次击球”犯规。

图 7–15　4 次击球

图 7–16　连击

（十一）连击

一臂屈肘举起，伸出两个手指（图 7-16）。

1 名队员不能连续击球两次（拦网除外）。连续击球或被球触及是“连击”犯规。连续的意思是两次触球有先后，而且中间没有其他人触球。规则规定球可以触及身体的不同部位，但必须是同时。下列情况除外：①拦网时，1 名队员或多名队员可以在一个动作中连续触球；②在第一次击球时允许身体不同部位在一个动作中连续触球，第一次击球是指接发球、接对方拦网拦下的球、接对方的进攻性击球或接本队拦网并触及球后的球。

（十二）持球

一臂屈肘慢慢举起，掌心向上（图 7-17）。

队员没有将球击出，而是接住或抛出，应判为“持球”犯规。

图 7-17 持球

图 7-18 过网击球

（十三）过网击球

一手掌心向下，前臂放置在网上（图 7-18）。

当本方进攻性击球时手必须在本方空间内。拦网队员可以将手或手臂伸过球网，但不得妨碍对方进攻，过网拦网时的触球必须在对方的进攻性击球之后才不被判为过网击球。

（十四）进入对方场区

进入对方场区或球从网下通过时，手指指向中线（图 7-19）。在不妨碍对方比赛的情况下，允许队员在网下穿越进入对方空间。

图 7-19 进入对方场区

图 7-20 后排队员进攻性击球犯规

（十五）后排队员进攻性击球犯规

一臂向上举起，前臂向下摆动（图 7-20）。

后排队员在前场区完成进攻性击球，而且击球时球的整体高于球网上沿，应判为“后排队员进攻性击球犯规”。

所谓“在前场区”，是指站在前场区或踏及前场区起跳（包括边线外的延长部分）。“完成进攻性击球”，是指球的整体越过球网垂直面，或者触及对方队员，以及球的整体高于球网上沿。只有这 3 个条件同时存在，才被认为“后排队员进攻性击球犯规”。

（十六）掩护和后排队员拦网犯规

两臂上举，掌心向前（图 7-21）。

图 7-21　掩护和后排队员拦网犯规

图 7-22　双方犯规

（十七）双方犯规

两臂屈肘举起，竖起拇指（图 7-22）。

如果双方队员同时犯规，则判为“双方犯规”。该球成死球，由原来发球队员重新发球。

（十八）延误警告和判罚

在一场比赛中，对一个队的成员的第一次延误比赛给予延误警告，同一队的任何成员造成的第二次及其以后的延误比赛给予延误判罚，以黄牌触手腕（图 7-23，图 7-24）。

延误比赛的行为包括以下几个方面：①换人延误时间；②裁判员鸣哨恢复比赛后，仍拖延暂停时间；③请求不合法的替换；④在同一局中再次提出不适合的请求；⑤场上队员拖延比赛的继续进行等。

图 7-23　延误警告

图 7-24　延误判罚

图 7-25　换人

（十九）换人

两臂屈肘，在体前绕环（图 7-25）。

（二十）暂停

一臂屈肘抬起，另一手放在该手手指上（图 7–26）。

每局每队可以请求两次暂停，每次 30 秒钟。暂停时队员必须离开场区，到替补席附近的无障碍区。

图 7–26　暂停

图 7–27　警告与判罚

（二十一）警告与判罚

一手持黄牌为警告，一手持红牌为判罚（图 7–27）。

（二十二）判罚出场和取消比赛资格

一手持红牌是判罚出场；一手持红、黄牌是取消比赛资格（图 7–28）。

对同一场中同一队员重犯“粗鲁行为”或第一次“冒犯行为”，要给以判罚出场的判处。

同一队员在同一场比赛中重犯“冒犯行为”和第一次“侵犯行为”，给以红、黄牌判罚取消比赛资格。被判罚的队员要离开比赛场地和替补队员席。

图 7–28　判罚出场、取消资格

图 7–29　比赛结束

图 7–30　交换场区

（二十三）一局或全场比赛结束

两手在胸前交叉（图 7–29）。

（二十四）交换场区

两臂在体前体后绕体旋转（图 7–30）。

思考题

1. 位置错误的概念是什么？如何处理位置错误犯规？
2. 判断“持球”的依据是什么？如何把握好“持球”尺度？
3. “过网击球”、“过网拦网”的判断依据是什么？
4. 界内、界外球有何具体规定？
5. 构成后排队员进攻性击球犯规的条件有哪些？

第八章　排球运动的欣赏

章前导言

目前，排球运动已深受世界各国人民欢迎，它不仅能强身健体，也促进了社会政治、经济、文化、教育和科学技术的发展。排球运动的竞争性、娱乐性、文明性、不断进取性集中地体现在现代排球比赛之中。排球比赛的观赏，作为一种文明高尚的精神生活，已成为许多人的共同爱好。但是，由于人们的文化素养和对排球知识掌握的程度不同，观赏的效果是不同的。本章将从多个角度讲解我们应该如何加强自身的体育文化修养，学习有关排球方面的知识，以不断提高观赏水平，从中获得乐趣。

学习目标

1. 学会从各种角度欣赏排球运动。
2. 通过排球运动的欣赏，提高自己的审美意识。

关键词

排球运动　欣赏　美学价值

第一节　排球运动欣赏的意义和作用

欣赏是观看、鉴别和观赏的一个过程，是认识到某一运动的价值而予以重视或赞扬。欣赏排球比赛能丰富人们的文化生活，满足人们精神上的需要，精彩的排球比赛吸引着亿万观众，激烈、惊险、拼搏的场面扣人心弦，使人们赏心悦目，而这正好迎合了观众的心理。

当前，我国正在大力加强物质文明和精神文明建设，作为上层建筑的体育，起到越来越重要的作用。排球作为体育大家庭中的重要成员之一，与足球、篮球并称为世界“三大球”，作为三大球类项目中唯一一个隔网竞争的项目，比起足球、篮球的激烈对抗和激情四溅，排球相对要宁静、柔和许多，这份宁静和柔和也激活了排球运动中不同于足球、篮球的另一种味道。排球运动以其独特的魅力给个人及家庭带来乐趣和幸福，给社会带来安定。近年来，由于排球规则的改变、世界排球竞技水平尤其是女子排球水平的提高以及沙滩排球兴起等原因，排球一直拥有庞大且稳定的球迷群体，在全球范围内具有广泛的群众运动基础。

学生在学习之余，通过观赏体育表演和比赛能陶冶情操，可以得到积极性的休息。运动员尽善尽美的表演、鲜明的节奏、默契的配合，表现出诗的情感，艺术的造型，给人以美的享受，从而忘掉忧愁和烦恼，有效地调整失去平衡的心理，改善人的心理和情绪，使人朝气蓬勃，充满活力。在观赏排球比赛的过程中可以看到运动员之间、运动员和裁判员之间、观众和运动员之间发生着频繁而激烈的思想感情或行为上的交流。从中看到个人与集体的关系、人与人之间的合作精神、谅解精神、相互鼓励的精神。在激烈的竞争中，队员还要遵守严格的比赛规则和组织纪律。因此，观赏排球能培养人们团结协作的精神、豁达合群的性格和愉快乐观的情绪。

除此之外，在观赏排球比赛的过程中，还可以学到许多有关排球方面的知识，通过播音员的现场解说和观众之间的互相交流，可以了解排球运动的起源和发展、项目的裁判规则、一些优秀运动员以及一些国家和地区的风土人情等，这些可以开阔眼界，增长体育知识。

特别是在大型的国际比赛中，颁奖仪式上升国旗、奏国歌，更能激发人们的爱国热情和民族自豪感。我国女排健儿 1981 年在世界杯排球赛上实现了三大球比赛金牌“零”的突破，在“冲出亚洲，走向世界”的征途中，为祖国夺得了一项又一项世界冠军，全国各族人民为此深受鼓舞。当中国排球运动员在国际比赛中战胜强队获取胜利后，北京大学的师生员工第一次喊出了“团结起来，振兴中华”的口号。由此可见，排球运动欣赏对学生的爱国教育、对社会主义精神文明建设有着重要的作用。

知识链接 8-1

中国女排历届世界杯战绩

中国女排从 1977 年第二届开始参加世界杯比赛，1981 年第二次参赛就夺得冠军，在 1985 年蝉联了冠军，之后成绩下滑，跌入最低谷。2003 年中国女排重夺世界杯冠军。由于中国以东道主身份拿到 2008 年北京奥运会参赛资格，国际排球联合会没有让中国女排参加 2007 年日本世界杯排球赛。

以下为中国女排在历届世界杯上的战绩：

1977 年第四名；1981 年冠军；1985 年冠军；1989 年第三名；1991 年亚军；1995 年第三名；1999 年第五名；2003 年冠军。

欣赏排球比赛给我们提供了一个学习运动员拼搏进取、无私奉献、为国争光的大课堂。1981 年中国女排姑娘经过顽强拼搏，最终站在冠军领奖台上，她们没有在掌声和鲜花中陶醉，首先想到的是自己的祖国，想到教练的辛勤培育，观众们的热情鼓励。她们把自己比喻成大海里的一滴水，之所以永不干枯，就在于寄身于海洋；比喻成岸边的礁石，之所以能经受住风浪的考验，就在于祖国和人民的培养。更比喻成一棵树木，之所以枝叶茂盛，就在于植根于祖国肥沃的土壤。这是多么美好的心灵。中国香港报纸称赞中国女排表现了中华民族的精神，是中国最美的人，是民族美的化身。这种精神、这种美正是我们观赏排球比赛时要学习和追求的。

在排球比赛中，运动员每分必争，要想战胜对手、夺取胜利必须经过奋勇拼搏。“更快、更高、更强”是现代奥林匹克运动的口号，它充分表现了排球的竞争意识，这种竞争意识反映了人类勇于接受挑战、敢于拼搏、勇于胜利的气概和人们征服自然、改造社会、超越自我的精神。

对排球的钟情，主要是来自 20 世纪 80 年代取得辉煌成绩的老女排以及陈忠和教练挂帅时期两度夺得世界冠军的国家女排。2004 年雅典奥运会上中国女排在逆境中沉着冷静、最终逆转取胜的场面依旧历历在目，这充分体现了中国女排拼搏进取的精神。中国女排代表了我们熟悉的拼搏进取精神，承载了一个民族的希望。

观赏排球，有时寻找的是一种亲切感，看着熟悉的身影在比赛场上移动、跳跃，看他们快速进攻、积极防守，最终获得胜利，现场的我们会无比骄傲、深受鼓舞。而记忆中的那些熟悉的场景时常会出现在我们面前。

知识链接 8-2

1. 中国女排“五连冠”历程回顾

1981 年首夺世界杯：1981 年中国女排以亚洲冠军的身份，参加了该年 11 月在日本举行的第三届世界杯排球赛。中国队以 7 战全胜的成绩首次夺得世界杯赛冠军。袁伟民获“最佳教练奖”，孙晋芳获“最佳运动员奖”、“最佳二传手奖”，郎平获“优秀运动员奖”。

1982 年秘鲁世锦赛再度登顶：带着一场负分进入复赛，形势十分严峻。主教练袁伟民果断起用年轻队员梁艳、郑美珠，替下周晓兰、陈招娣。以 3：0 轻取古巴，赢得了扭转战局的关键一役，此后中国女排又以 3：0战胜苏联队，杀入四强。并最终在与东道主秘鲁队的冠亚军决战中以 3：0 完胜，获得该届锦标赛冠军。

1984 年折桂洛杉矶：1984 年 8 月 3 日在预赛的最后一场对美国队的比赛中，中国队以 1：3 失利。半决赛中中国队以 3：0 轻取日本后，8 月 8 日的中美决战上中国女排丝毫没有受到小组赛失利的影响，以 3：0 完胜对手，取得了“三连冠”。

1985 年再夺世界杯：在这次世界大赛中，中国与古巴之战是世人注目的焦点。赛前双方均以 3：0 击败了实力雄厚的苏联队，因此这场比赛可谓该届比赛的冠军争夺战，最后中国女排以 3：1 获胜。邓若曾获“优秀教练员奖”；郎平获“最佳选手奖”及“优秀选手奖”；杨锡兰获“最佳二传奖”及“优秀选手奖”；郑美珠获“优秀选手奖”。

1986 年荣膺五连冠：当年 9 月，在前捷克斯洛伐克举行的第十届世界女排锦标赛上，中国女排在极为困难的情形之下出征，克服了重重困难，最终以 8 战 8 胜的出色战绩，蝉联冠军，成为世界排球史上第一支获得“五连冠”的队伍。在该届锦标赛上，张蓉芳获得“最佳教练员奖”，杨锡兰获得“最佳运动员奖”和“最佳二传手奖”，杨晓君获得“最佳一传奖”。

2. 陈忠和挂帅时期的中国女排

陈忠和带领中国女排的 8 年间，中国女排成绩稳定，先后获得 2003 年世界杯、2004 年雅典奥运会冠军及 2008 年北京奥运会季军，但是 2002 年和 2006 年世锦赛的表现以及 2007 年亚锦赛丢掉冠军却不能让人满意，陈忠和也因此在当时饱受争议。女排成绩虽有起伏但瑕不掩瑜，让中国女排重回巅峰已为其执教生涯增加了浓墨重彩的一笔。

第二节 欣赏排球运动的生理、心理机制

一、欣赏排球运动的生理机制

作为有机体活动的一种类型，欣赏排球所依赖的生理机制与主体感知客观世界的其他方式相同，主要是由视觉、听觉、触觉、嗅觉、味觉五大感官构成的感觉系统，而其中的视觉、听觉系统占据重要的位置，是欣赏排球运动的主要器官，触觉、嗅觉、味觉是起辅助作用的器官。

欣赏排球运动的主要对象是排球运动中具有美的性质的事物，这种美的事物所特有的时空存在方式，决定了主体与客体之间必然存在一定的观赏距离。例如，观赏一场高水平的排球比赛，观众要在运动场地之外才能更好地感受比赛的紧张和激烈。也就是说，主体只有与客体保持一定的空间距离，才能更好地进行观赏活动。而眼睛是一种感受器，在这种情况下能感知到存在于主体之外的客体，因此，视觉是体育观赏中最先启动的器官，也是最重要的感受器。

在欣赏排球比赛时，观众不仅要关注场上队员的比赛情况，还要注意聆听裁判员的哨音和场外替补席随时发出的暂停、换人等信号。因此，欣赏排球除了凭借视觉外，听觉也必不可少。在欣赏排球时，欣赏者必须同时启动视、听觉感受器，才能完整地感受和理解整场比赛的气氛。

在欣赏中，触觉、嗅觉、味觉起辅助作用，它们在一定程度上影响着美感的形成和视听感知的范围。在多数情况下，触觉、嗅觉、味觉不是单独地在观赏中起作用，而是不自觉地、间接地参与视、听觉的感知过程，从而丰富了主体所获取的外界美的信息。

二、欣赏排球运动的心理机制

排球欣赏是主体对体育实践过程进行自由观照的动态心理过程。在这个过程中，感知、想象、情感和理解等多种心理要素共同发生作用，它们相互交错、相互补充、相互诱发和相互交融，最终形成主体的欣赏感受。下面对这几种心理要素分别加以说明。

（一）感知

感知是排球欣赏的第一个心理要素，它包括感觉和知觉两种心理过程。感觉是对事物个别属性的反应，知觉是在感觉的基础上对客观事物的多种属性及其相互关系的综合的、整体的反应。只有通过知觉，才能达到对客观事物的整体把握。

客观事物总是由许多个别属性组成的，没有反应个别属性的感觉，就不可

能有反应事物整体的知觉。同样，感觉到的个别属性越丰富、精确，对事物的知觉也就越完整、正确。如在观赏排球扣球动作的过程中，首先要求观赏者通过感觉（主要是眼睛的感觉），弄清它的个别属性（如动作的方向、路线、身体姿势、运动部位等），然后才能从知觉上对该动作进行整体的把握。这时候，如果观赏者能将运动员起跳高度、扣球的时间、扣球的角度和球的落点等个别属性都看得一清二楚的话，那就会更完整、更准确地认识和理解这一扣球动作，而不至于被弄得眼花缭乱了。事实上，任何事物的个别属性，都是离不开事物的整体而存在的。人在具体的观赏活动中，都是以知觉的形式直觉地反映事物，感觉只是作为组成部分存在于知觉中，很少有孤立的感觉存在。因此，人们通常把感觉和知觉统称为感知，并把它视为排球欣赏的一个最基本的要素。

（二）想象

想象是在头脑中对过去事物的表象重新改造而构成新形象的过程。人们在锻炼实践中，不仅能感知当前作用于自己的事物，能回忆起过去曾经经历过的事物，而且还能在已有表象的基础上，在头脑中创造出没有直接感知的新形象。例如，排球运动员对头脑中保存的各式各样的排球动作表象，重新加工改造而设计出一套新的排球动作，这种心理活动就是想象。

想象过程所产生的形象，虽然不再是人们已感知过的具体形象，但这并不等于说想象不是客观现实的反映。从来没有练过排球或没有看过排球比赛的人，在想象中不会有任何排球动作的表象，正如生来就双目失明的人，在想象中不会有颜色的表象。所以，想象不是凭空产生的，而是在人已有的知识和生活经验基础上形成的，想象中的事物形象无论多么新颖独特，都可以在现实生活中找到其根源。想象既不脱离感性材料，又具有理性认识的因素，既以表象作为基础，又与思维相联系。

（三）情感

情感是人对客观事物与人的需要之间关系的反映。当客观事物符合或违背人的某种需要时，人们便会表现出这样或那样的态度，产生种种主观情绪体验，这种由事物是否符合人的需要所产生的态度和体验，在心理学上称之为情感。日常生活中的情感是建立在人和客观事物的物质关系上的，属于低级情感，而观赏活动中的情感则是建立在精神关系上的，属于高级情感。如在欣赏排球比赛的时候，人们会因为自己喜欢的球队获胜而兴奋，也会因为球队失利而懊恼，同时又会为球场上出现的不良现象感到不满和义愤等。这些主观的情绪体验，都是高级情感的具体表现。

情感存在于整个排球欣赏过程中，观赏主体总是或多或少地进行着各类情感的体验。如2004年雅典奥运会女子排球决赛在中国队与俄罗斯队之间进行，最终中国队战胜俄罗斯队。在整场比赛中，球迷用欢呼声、掌声、标语等不同形式支持着自己喜欢的球队，表现出高昂的情绪。对比赛的结果，华人欣喜若狂，俄罗斯人则黯然神伤。作为中国与俄罗斯之外的不同国家的球迷来说，对比赛结果也有不同的情感体验，有的高兴，有的伤心。因此，在排球欣赏活动中，自始至终充溢着强烈的情感色彩。

情感在观赏活动中的作用，在于它广泛地渗透在其他心理要素之中，成为触发其他心理要素的诱因，且充当它们的中介和动力。以欣赏排球比赛为例，当观众看到运动员在网前进行进攻与防守时，兴致会特别浓厚，并会产生丰富想象：攻方将采取哪种进攻配合，才能产生有效的进攻，而守方又会采取何种防守战术，才能化险为夷。这种想象常常会使人产生巨大的悬念，情绪更加高涨。但是，在欣赏过程中，情感的发展不是漫无节制的，理解对情感有控制和引导作用。

（四）理解

理解是通过揭示事物间的联系而认识新事物的心理过程。排球欣赏中的理解不是依靠概念、判断和推理的逻辑思维形式进行的，而是与感知、想象、情感等心理要素密切联系在一起，在感性直觉过程中直接领悟运动实践的理性内涵。这里所说的直觉，不是动物式的单纯感官的生理反应，而是一种具有高度理性识别能力的感觉，是在长期的生活中积累丰富的观赏经验后才具有的一种完善的感觉能力。这是直接领悟排球美存在的前提和基础。

在欣赏活动中，感知、想象和情感诸因素处于自由和谐的运动状态，它们共同组成完整的心理过程。也就是说，在进行欣赏活动时，人们不必要中断自己的感受，停下来作些判断和推理，也不需要把排球欣赏这种感性活动处处都翻译成相应的概念。相反，人们总是不假思索地让自己的感知、想象和情感循着欣赏对象的指引，自由和谐地活动，在最终获得的愉悦性感受中，蕴含着对理性内容的理解和认识。

在排球欣赏活动中，理解活动的进行，首先需要主体对排球欣赏对象采取自觉的欣赏态度，其次主体要具有与欣赏对象相关的知识和经验储备。例如，同样欣赏一场排球比赛，有的人兴致不高，有的人却聚精会神，对场上队员的技术、战术、意志等都能作出恰当的评价。这说明，后者对欣赏对象有了理性认识，理解发挥了作用，而前者的欣赏仅仅停留在感知阶段。

感知、想象、情感和理解是排球欣赏心理活动的基本要素。在排球运动欣赏过程中，四要素构成一个动态结构，相互制约、相互渗透、相互影响。感知中渗透理解，理解中渗透想象和情感，情感中又渗透想象和理解。总之，感知是各要素的基础，想象是其载体，情感是其动力，理解是其规范，从而构成了它们之间错综复杂的关系。

第三节　排球运动欣赏的途径及内容

一、排球欣赏的途径

欣赏排球运动，首先是通过人们的视觉系统和听觉系统，逐渐过渡到整个感官系统，而后引起大脑的思维活动，最终使观赏者全身心地投入到排球运动中，使心情愉悦，从而获得心理上的满足。对排球运动的欣赏可以从以下三个阶段来分析：

（一）感性认识阶段

首先，欣赏者通过感官系统接受排球竞赛，引起大脑的思维活动，而随着个人的喜好和心情产生不同的感受。如在欣赏排球比赛时，有的喜欢男子比赛，有的喜欢女子比赛，男女各队的比赛节奏、速度、力量和动作的变化都各有不同，对每一位观众在心里感觉上会产生不同的反应。

（二）理性认识阶段

排球运动来源于生活，是日常生活中的一种活动、游戏，又是高于日常生活的一种艺术展示。在美国，排球的发明者威廉·摩根当时只是为了人们的娱乐，而在生活中发明了排球。后来人们把排球运动称为“空中芭蕾”、“流星赶月”，这并不是从字面上来形容，而是在排球比赛中许多动作与芭蕾舞确实有着相似之处。它能给人以无限的遐想和美的享受。这就说明观赏排球不但享有竞赛获胜的喜悦感，而且使观赏者获得精神享受。

（三）参与排球活动阶段

排球比赛不但有令人振奋的场面，还有让人悦目的表演。这就使人们在观赏之余去主动参与体育活动，亲身感受体育活动带来的兴奋和快感。观赏排球比赛能够激发人们参与排球运动的欲望。我国著名排球明星汪嘉伟说：“排球是我生命中最重要的部分，它促使我去拼搏、进取。”类似这种强烈的参与感、享受感，使人们在欣赏排球比赛之后，积极参加排球活动，从中去感受排球的真正魅力。

二、排球欣赏的基本内容

排球比赛紧张激烈、高潮迭起、精彩纷呈。网上争夺日趋激烈，严密的后排防守，快速多变的战术，漂亮的背飞、快抹等绝技让人赞不绝口。排球欣赏的内容十分丰富，有的欣赏竞技运动比赛的激烈场面、运动技巧及双方排兵布阵等，有的欣赏排球竞技运动中教练员的指挥艺术及裁判员执法水平，也有的欣赏排球运动之美，还有的欣赏体育运动的器材、运动员服装和其他用品。

（一）观赛前应事先了解有关方面的知识

1. 了解排球比赛的性质

在观赏一场排球比赛前，要了解这场比赛的基本性质：即比赛是友谊赛还是锦标赛；是半决赛还是冠亚军决赛等。

2. 了解比赛双方的战术打法和双方球员

排球爱好者应对现代排球的阵容配备和接发球进攻中的五人接发球，四人接发球及三人接发球站位阵型有个大概的了解，还应对“中一二、边一二”进攻及二传插上前排三点进攻和前、后排立体进攻的阵型有所了解。对接发球及其进攻、接扣球及其进攻、接拦回球及接传垫球及其进攻战术有所知晓。只有这样，在观看高水平比赛时，才能发现排球运动的真谛，给观赏者带来更大的快乐。

3. 了解排球比赛的基本规则与裁判法。

4. 了解当今排球运动的发展趋势。

知识链接 8-3

著名排球运动员——郎平

郎平是20世纪80年代世界女子排球界“三大主攻手”之一，有“铁榔头”之称。中国著名女子排球运动员和教练员。1960年12月10日生于天津市，身高1.84米。她身体素质好，弹跳力强，摸高可达3.17米，快攻变化多，网上技术突出，以4号位高点强攻著称，是队里的核心人物。2002年以全票入选排球名人堂，成为亚洲排球运动员中获此殊荣的第一人。

主要成绩及荣誉

1978年与队友合作，获第八届亚洲运动会女排比赛亚军。1979年与队友合作获第二届亚洲排球锦标赛冠军。

1981年11月，参加在日本举行的第三届世界杯女排赛，与队友合作，获冠军。这是中国女子排球队第一次获世界冠军，也是中国三大球运动中第一次获世界冠军。个人获“优秀运动员奖”。

1982年9月，在秘鲁举行的第九届世界女子排球锦标赛上，与队友合作，获冠军。同年，与队友合作，还获第九届亚洲运动会女排比赛冠军。

1984年7月，参加在美国洛杉矶举行的第二十三届奥运会女子排球赛，与队友合作，获冠军。

1985 年，与队友合作，获第四届世界杯女排赛冠军，从而取得世界重大女排赛“四连冠”的战绩。个人获“优秀运动员奖”和“最佳运动员奖”。并荣获国际奥委会纪念 1985 年国际青年奖牌。

1989 年带领意大利摩迪纳俱乐部女子排球队获意大利杯赛冠军。

1990 年回归国家队带领中国女子排球队获第十一届世界女子排球锦标赛亚军。

1995 年 11 月开始执教生涯，率中国女子排球队获世界杯女子排球赛第三名。

1996 年以主教练的身份率领中国女排夺得亚特兰大奥运会银牌。

1997 年 9 月，率国家女子排球队获第九届亚洲女子排球锦标赛冠军。

1998 年，率中国女子排球队夺得第十三届世界女排锦标赛第二名。第十三届亚运会排球冠军。

1999 年开始郎平远赴意大利执教，同样取得了辉煌的成绩。率意大利摩迪纳女子排球队在 2000 年获意大利女排联赛冠军、2001 年夺得欧洲女排冠军联赛冠军、2002 年再夺意大利联赛和杯赛双料冠军；2002—2003 年赛季开始，郎平转执教意大利诺瓦拉俱乐部，率领诺瓦拉女排夺得意大利超级杯和 2004 年意大利联赛冠军。

2005 年郎平出任美国女排主教练，成为国际排坛少有的、率领两支队伍参加过奥运会比赛的女性主教练，她把一支青黄不接的三流球队培养成为在 2008 年北京奥运会勇夺亚军的世界强队。

除运动场上取得的成绩荣誉外，郎平于 1980 年被国家授予“运动健将”称号；1984 年获全国“三八红旗手”称号；1985 年获“国际级运动健将”称号；此后多次当选“全国十佳运动员”，并 4 获国家体委颁发的体育运动荣誉奖章。1985 年还被评为世界十佳运动员；1994 年被评为“建国 45 周年体坛 45 英杰”之一；1997 年被国际排联评为年度女排“最佳教练”；1999 年当选“新中国体育五十星”等。

（二）观察双方的排兵布阵

在双方主力队员上场，按既定位置站好后，观众可注意观察双方的排兵布阵情况。根据进攻队员和二传队员所站的位置，大致可判断出双方的阵容配备，教练员的战略意图和战术思想，为进一步欣赏比赛打下基础。

（三）欣赏比赛双方的发球

现代排球的发球技、战术发展很快，从原始的下手发球到上手发球、上手发飘球、勾手飘球、勾手大力发球，发展到现在的跳起前冲大力发球及跳起发飘球等技术，无不体现了排球发球技术的迅速发展。排球的发球战术在比赛中体现在：发不同性能的球、发控制落点的球、发变化节奏的球、发变线路的球以及根据临场比赛的变化采取不同的发球等。在比赛时，水平越高的队其发球的进攻性越强，发球的竞争越激烈，观赏性越强。

（四）欣赏双方的进攻水平

排球比赛中进攻战术是最精彩的部分，它包括接发球前的攻手和二传手之间的信号联络，接发球及其进攻战术等环节，这些环节环环相扣，如有一个环节连接不紧密，则会造成进攻的失利。进攻是展示各种各样进攻战术的平台，从前排队员的两点进攻到三点进攻；从各种跑动进攻到当今高水平运动队普遍使用的前排跑动进攻加后排进攻的立体进攻战术，使观众眼花缭乱，目不暇接。

（五）欣赏双方的防守反击

接扣球后的进攻又称防反，它是由拦网、后排防守、防守后的反攻等环节组成。在欣赏时，首先，欣赏网上扣球和拦网相对抗的技、战术。随着进攻战术的不断创新和演变，排球拦网的技、战术也在不断地发展，从前排一对一的平面拦网、双人、三人拦网，再演变到单人连续起跳拦网技术和集体重叠拦阻立体进攻的拦网战术，发展之迅速，让人耳目一新。其次，在欣赏前排队员拦网的同时，还要注意欣赏后排的接扣球防守阵型。在前排投入不同数量的拦网队员时，后排如何合理地运用接扣球防守的布局。应重点欣赏在严密防守下，接起对方扣、吊球后，二传怎样合理分球，组成集体防守反击战术。

（六）欣赏双方顽强的防守和扑救球技巧

在排球比赛中，最扣人心弦的是多次来回球中顽强的防守和抢救险球时奋不顾身的扑救。防守中连续救起球次数越多，观众的情绪越激昂。观众的激昂情绪激励着运动员，运动员可能超水平发挥，使比赛更加精彩。平时训练中少见的滚翻救球、鱼跃救球等高难度倒地救球技术展现在观众面前，大大地提高了比赛的观赏价值。

（七）欣赏裁判员的执法水平

在所有体育运动竞赛中，裁判员的执法水平不但影响着比赛的结果，而且还影响着观众的欣赏情绪。特别是在比赛节奏快的项目中，裁判的正确判断显得格外重要。例如，在排球比赛中，比赛节奏快、激烈程度强和观众多时，裁判员公正、严肃、认真的作风尤为重要，灵活机智、冷静的临场执法能力，同时还需具备良好的精神状态。只有这样才可以保持比赛的节奏，把比赛推向一个个高潮，同时也把观众的欣赏情绪不断推向新的高潮。所以说，裁判员执法水平的高低不仅影响着竞赛的连续性，而且也影响着观众的欣赏情绪。

（八）欣赏教练员的临场指挥艺术

教练员在一场比赛中至关重要，在观看比赛时，首先要看教练员如何在开局“排兵布阵”；“以我之长，击敌之短”；“以我之短，避敌之长”。其次要看教练员的用兵艺术。如何使用自由防守队员和替补队员，往往是实力相当的球队取得最后胜利的关键。再次要看教练员使用暂停的艺术，在我方比分落后时，在对方连续得分士气正旺时、在我方被眼前局部的胜利冲昏头脑时，均是教练员叫暂停的最佳时机。

（九）从美学角度来观看排球比赛

1. 排球运动员的身体美和素质美

排球运动是在一定高度的网上进行争夺对抗的，所以它非常强调空中优势，既要求运动员跳得高，又要求运动员具备高度灵活的身体移动能力，这样就对排球运动员的身体形态提出了特殊要求，多数排球运动员骨骼发育偏长，他们外在形式美给人的印象是魁梧、健壮、伟岸、灵巧、力量、勇气、姿态等结合的美。使观众观赏到排球运动员健的风姿、力的坚韧和美的神韵。排球运动员的素质美最能体现人的自然美，它包括力量美、速度美、协调美和柔韧美。

（1）力量美：力和美往往结合在一起，而真正的美总是有力量的。一些世界排球明星都具有惊人的力量，表现了人类强大的生命力，它使观众受到力的鼓舞，饱尝到雄壮、勇猛、强健的力量之美。

（2）速度美：在比赛中，那敏捷的动作变化，令人眼花瞭乱，它体现了速度美，给人以激动、振奋的情感体验。

（3）协调美：优秀排球运动员都具有良好的协调性，在比赛场上运动员时而腾起扣球，时而移动保护，时而跳起拦网，时而飞身救球，动作协调、轻盈、优美。

（4）柔韧美：排球运动员无论是在做飞身救球，还是在做腾空扣球，全身各种大幅度的动作呈现出各关节有较大的灵活性、肌肉和关节韧带具有良好的伸展性和弹性，动作柔和、轻盈、舒展，体现了富有弹性的柔韧之美。

2. 排球运动的技术美

排球运动的技术美是排球之美的重要体现，是技术水平以及体态美、素质美、动作造型美的综合体现。它是运动动作准确与效果良好的相互统一，技术美有它自身所具有的特征：

（1）动态美：排球技术动作随意自然，千姿百态，富有动感。防守的前扑滑行垫球，如猛虎下山；鱼跃救球，舒展协调，如海底捞月。扣球时身体后仰成反弓，强劲有力，富有弹性，犹如一张弓箭；身体前倾、低重心的可攻可守的准备姿势，就像饿虎扑食的姿态，虎视眈眈，大有一触即发之势。这些技术动作的艺术韵味，是运动员动态之美。

（2）技术风格美：排球运动虽是集体项目，讲究集体配合，但在比赛中，运动员也表现出个人的技术特点和特长之美。如扣球，有“怪球手”之称的中国老女排队员张蓉芳，她那超群绝伦的全面技术，进攻中既能采用多变的路线进行强攻，又能以快速的平拉开突袭对方，更能以轻吊、打手出界等绝招，使对手经常处于穷于应付的局面，防不胜防。前国家男排运动员汪嘉伟在全队快攻集体配合中那富于个人变化的前飞、背飞，与众不同，如空中飞人，出神入化，潇洒自如。在排球运动中这种技术风格的张扬得到了焕发，增添了色彩和魅力，提高了排球运动的观赏和审美价值。

知识链接 8-4

背　飞

扣球队员在扣近体快球的位置上起跳后，冲飞到二传队员身后 1 ~1.5 米处扣背传的平弧半快球，称背飞。背飞是中国男排戴廷斌、汪嘉伟时代的发明，二传手将球背传到 2 号位，快攻手迅速跑到二传身后，以左腿单脚起跳，在身体斜飞出去中把球迅速扣出。20 世纪 80 年代初老女排身高 1.82 米的周晓兰首次在国际大赛上运用，把当时的女排世界三强日本队打得拦也不是，接也不是，多看到中国女排的背飞直接把球扣到对方防守队员的脸上，可见其威力。

背飞属排球运动空间差的一种。背飞与前飞的区别在于：后者迎着球打，容易在空中截住球；前者追着球打，难度较高，对二传手与扣球手的技术和相互配合的要求也较高。进入 20 世纪 90 年代后，欧美的一流球队如俄罗斯、巴西开始全面使用背飞，2006 年世界女排锦标赛，我们看到背飞已经在世界强队中广泛使用。当身高力大的德国女排遇到更高大的俄罗斯女排时，比赛场上看到的不是欧美队伍常见的使蛮力互相对扣，而是德国女排用眼花缭乱的 2、3 号位快攻背飞战术与俄罗斯周旋。后来德国女排在遇到中国队时，不仅成功地制服了中国队的背飞，并以牙还牙，用背飞战术打得中国女排毫无办法，取得胜利。

老一代的背飞是靠速度，跑出位置差，让对手来不及形成拦网，就把球扣过，而如今 1.90 米的副攻比比皆是，他们轻轻一跳便能把手臂伸过网进行屋檐式拦网，传统背飞依靠速度躲过对方拦网时代一去不复返。传统背飞进攻效果不好并不证明背飞过时，而是要在寻求身体素质、高度、速度好的潜力队员基础上，对原有的背飞进行改造，推陈出新，才能恢复中国女排在世界上原有的快变风格。

未来背飞的走向必然是技术加实力，除了速度要快，还要有变化，力量、高度、立体感要更强。也就是说，理想的背飞是欧美的实力打法和中国传统速度及长短变化的结合。

（3）智慧美：当今排球比赛，竞争激烈，运动技术、战术越来越复杂化，比赛不仅是体力、技术、战术和意志的拼搏，而且也是智慧的较量。在高速变化的对抗中，主攻手要根据拦网者手型、防守布局，在一瞬间观察、判断，然后随机应变，选择线路变化或扣或吊，达到突破目的，这些灵活多变的技术动作表现了判断和应变能力的智慧之美。

（4）和谐美：排球技术集力量、速度、柔韧、灵敏于一体。轻盈矫健、潇洒优美的排球技术是一种艺术享受，观众从中可得到情感的宣泄，领悟和品味美的意蕴，体现了排球技术的和谐美。

技术美体现了人的自身价值。排球比赛运动员在忘我境界中，克服生理负荷，充分展示精湛、娴熟、准确、优美的技术，从中获得一种艺术力量，产生审美效应，使之与观众达到一种默契，运动员每完成一个漂亮的技术动作，观众会为之鼓掌、喝彩、赞扬。优美的技术不仅表现了运动员自身力量和水平，提高了自信心，而且使之在心理上、情感上得到了充分满足，变成了一种无形的动力，更激发运动员去掌握更规范、完美的技术动作。

3. 战术美

排球运动中的战术美是其最核心的部分，它包括以下几点：首先是接发球前的攻手和二传手之间的信号联络、接发球后二者之间的密切配合等。这些环节环环相扣，完成了排球进攻战术的整体构思。随着排球技术的不断发展，进攻战术也从前排队员的两点进攻发展到三点进攻，从各种跑动进攻发展到当今高水平运动队普遍采用的前排跑动进攻加后排纵深进攻，丰富的立体进攻战术。观众从进攻战术中能感受到排球战术中力与力碰撞所体现出来的强劲之美，以及运动员之间默契配合所体现出来的和谐之美。第二是防反战术，它是由拦网、后排防守、防守后反攻等环节组成。进攻战术的不断创新和演变，排球拦网技、战术也随之不断的发展。排球比赛处处体现出如中华古老易经所倡导的博弈之美。后排防守阵型的演变，使防守进入“智能化”时代，队员在后排防守中随机应变，创造性地即兴动作救起即将落地的险球，给观众带来绝处逢生的心动之美。体会到心理学情感体验中的流畅。

此外，在充满配合的攻守对抗中，进攻方高快结合，忽快忽慢；拉开、集中结合，忽左忽右，犹如一曲在二传手指挥下的交响乐，防守一方拦网、地面防守，层层设防，犹如铜墙铁壁。攻与守以一定的节奏进行，潮涨潮落，浑然一体。在单个技术处理中，也表现出一定的节奏美。运动员在扣球或拦网时，观众有时也有节奏地喊一二三扣，为运动员鼓劲，于是又形成了另一种节奏，时而鼓号齐鸣，欢声雷动；时而又鸦雀无声，全场哑然，场上、场下互相感染，交相辉映，更显示了一种全景式的韵律和节奏美。

（十）对排球运动器材和运动员服装的欣赏

体育运动器材的发展，体现了一个国家的经济和科技的发展水平。如排球网柱的发展。无论从网柱的外观和性能上都有了质的飞跃。尤其是当欣赏者看到运动员使用的器材是本国制造的时，会从内心深处对自己的国家充满热爱之情，为祖国感到由衷的自豪。运动服饰，如帽子、服装、鞋子和运动包等也同样标志着一个国家的文化水平。运动员穿着和谐、美观大方的运动服装，会给人一种精神抖擞、朝气蓬勃的感觉。在2000年悉尼奥运会上，我国排球运动员所穿的李宁牌运动服，在上衣的背后画有一条金黄和火红色的龙，形似“China”字样，这不但点缀了服装，使服装协调美观，而且让各国运动员和观众都知道：世界的东方屹立着一条伟大的巨龙——中国。

三、排球运动的美学特征给予我们的启迪

1. 排球运动使参与排球运动竞赛的运动主体认识到，人的活动自身有巨大的力量，而这个活动正表现出人的创造力。通过运动竞赛表现出的运动主体的创造力是排球竞赛之美的一个源泉，使运动主体理解到：只有敢于创新才会有进步和骄人的战绩。

2. 排球运动使观赏者认识到排球运动竞赛之美，排球运动比赛中有极为丰富的内容、生动的形象、具体的形式、真挚的情感，这是运动员的精神表现，使欣赏者不仅得到赏心悦目的享受，而且看到人的创造力、意志力和崇高的美学价值，从而关心排球、热爱排球、参与排球、支持排球，这些都有利于排球运动的蓬勃发展。

3. 排球运动使社会生活中的人们认识到，它不仅仅是参与者的贡献，同时也是社会生活的一种需要。中国女排在时隔17年后又一次夺得久违的世界冠军，其分量之重、影响之大，不亚于第一次夺冠的声势，这是老女排精神的继承与发扬，是排球运动社会美的升华，是新时代中国青年风采的体现，她鼓舞着全国人民与时俱进，共同创造美好未来的决心与信心。由此可见，排球运动之美已远远超过了其原有意义上的美，是美的升华。

四、在排球观赏中培养文明高尚的体育道德

排球比赛的目的主要是增强人民体质、推动运动技术水平的不断提高，丰富人民群众的文化生活和增进友谊。因此，它是建设社会主义精神文明的重要途径之一。观赏排球比赛要做到言谈举止文明，言谈举止体现出一个人的思想修养和道德水准；文明礼貌是一种美的气质，在社会交往中使人感到和谐和亲近。反之，粗鲁、野蛮的举止使人感到厌恶，造成人与人之间的不愉快和污染社会风气，甚至造成生命财产的损失。因此，我们在观赏排球比赛时，既要对

运动员的精彩表演和高超技艺报以热烈的掌声，又要对运动员的偶尔失误表示理解和鼓励。同时，应增强法制观念，遵纪守法，维持赛场纪律，用文明的举止和高尚的体育道德去推动社会主义精神文明建设和体育运动的健康发展。

知识链接 8-5

开设“体育欣赏课”五要

在全面实施新课程标准的今天，体育欣赏课已成为学校体育教学的重要内容之一。那么，我们如何才能开设好体育欣赏课呢?

一、要精心准备

事先应准备好欣赏的内容，使欣赏的内容丰富多样，具有一定的欣赏性；同时要准备好多媒体课件，使欣赏的内容具有很好的视觉、听觉效果。

二、要让学生掌握体育欣赏的一般方法

体育欣赏不能仅仅停留在看热闹上，而应注意多层次、多角度地去感受、体验，使学生看出门道。可从以下角度欣赏：

1. 欣赏体育精神。从整体上说，我们应注意欣赏蕴含在体育比赛中的那种竞争精神、自我超越精神和团结协作精神。

2. 欣赏比赛的形式和过程。在欣赏不同类型的比赛时，应注意不同的欣赏角度。直接对抗类项目，应注意欣赏比赛过程中个人技术的运用和整体战术的配合，以及运动员所表现出的那种视野开阔、豁达合群和大智大勇的精神状态；对比类项目，应注意欣赏比赛过程中富于艺术的美感，即运动员在一定的空间和时间内，如何控制身体，并使之达到尽善尽美的程度，使健、力、美得到高度的统一。其和谐的韵律和鲜明的节奏又是如何进行配合，给人以强烈的美感的；记录类项目，应注意欣赏比赛过程中那种你追我赶的拼搏精神及勇敢坚毅、吃苦耐劳的优良品质。

3. 注意欣赏比赛结果。应注意欣赏比赛结果时的那种满足感、成功感。

三、要让学生树立正确的体育欣赏观念

教师不仅要让学生懂得体育欣赏，更要让学生在欣赏中克服不良的行为习惯，要有正确的态度和文明的举止，树立起正确的体育欣赏观。只有做到这些，才能保持良好的审美心境，才能对精彩的比赛越看越有趣，越看越感到愉悦和振奋。

四、要让学生了解欣赏体育项目的比赛方法和规则

这是学生有兴趣去欣赏的前提。教师在欣赏前应给学生介绍清楚相关体育项目的比赛方法和规则，并在欣赏过程中给予适当的讲解。

五、要让学生在欣赏后写出观后感

这一做法不仅有利于加深学生对所欣赏项目的理解，提高学生的欣赏水平，而且有利于教师改进以后的体育欣赏课教学，提升体育欣赏课的课堂效果。

思考题

1. 观赏一场高水平的排球比赛前应该做好哪些准备工作？
2. 排球比赛应从哪几方面去观赏？
3. 观赏高水平的排球比赛，对大学生的生活和学习有何意义？

附录一

大学生体质测试评分表

附表 1　大学一年级至四年级男生身高标准体重　（体重单位：千克）

身高段/厘米	营养不良	较低体重	正常体重	超重	肥胖
	50 分	60 分	100 分	60 分	50 分
144.0～144.9	<41.5	41.5～46.3	46.4～51.9	52.0～53.7	≥53.8
145.0～145.9	<41.8	41.8～46.7	46.8～52.6	52.7～54.5	≥54.6
146.0～146.9	<42.1	42.1～47.1	47.2～53.1	53.2～55.1	≥55.2
147.0～147.9	<42.4	42.4～47.5	47.6～53.7	53.8～55.7	≥55.8
148.0～148.9	<42.6	42.6～47.9	48.0～54.2	54.3～56.3	≥56.4
149.0～149.9	<42.9	42.9～48.3	48.4～54.8	54.9～56.6	≥56.7
150.0～150.9	<43.2	43.2～48.8	48.9～55.4	55.5～57.6	≥57.7
151.0～151.9	<43.5	43.5～49.2	49.3～56.0	56.1～58.2	≥58.3
152.0～152.9	<43.9	43.9～49.7	49.8～56.5	56.6～58.7	≥58.8
153.0～153.9	<44.2	44.2～50.1	50.2～57.0	57.1～59.3	≥59.4
154.0～154.9	<44.7	44.7～50.6	50.7～57.5	57.6～59.8	≥59.9
155.0～155.9	<45.2	45.2～51.1	51.2～58.0	58.1～60.7	≥60.8
156.0～156.9	<45.6	45.6～51.6	51.7～58.7	58.8～61.0	≥61.1
157.0～157.9	<46.1	46.1～52.1	52.2～59.2	59.3～61.5	≥61.6
158.0～158.9	<46.6	46.6～52.6	52.7～59.8	59.9～62.2	≥62.3
159.0～159.9	<46.9	46.9～53.1	53.2～60.3	60.4～62.7	≥62.8
160.0～160.9	<47.4	47.4～53.6	53.7～60.9	61.0～63.4	≥63.5
161.0～161.9	<48.1	48.1～54.3	54.4～61.6	61.7～64.1	≥64.2
162.0～162.9	<48.5	48.5～54.8	54.9～62.2	62.3～64.8	≥64.9
163.0～163.9	<49.0	49.0～55.3	55.4～62.8	62.9～65.3	≥65.4
164.0～164.9	<49.5	49.5～55.9	56.0～63.4	63.5～65.9	≥66.0
165.0～165.9	<49.9	49.9～56.4	56.5～64.1	64.2～66.6	≥66.7

续表

身高段/厘米	营养不良	较低体重	正常体重	超重	肥胖
	50 分	60 分	100 分	60 分	50 分
166.0~166.9	<50.4	50.4~56.9	57.0~64.6	64.7~67.0	≥67.1
167.0~167.9	<50.8	50.8~57.3	57.4~65.0	65.1~67.5	≥67.6
168.0~168.9	<51.1	51.1~57.7	57.8~65.5	65.6~68.1	≥68.2
169.0~169.9	<51.6	51.6~58.2	58.3~66.0	66.1~68.6	≥68.7
170.0~170.9	<52.1	52.1~58.7	58.8~66.5	66.6~69.1	≥69.2
171.0~171.9	<52.5	52.5~59.2	59.3~67.2	67.3~69.8	≥69.9
172.0~172.9	<53.0	53.0~59.8	59.9~67.8	67.9~70.4	≥70.5
173.0~173.9	<53.5	53.5~60.3	60.4~68.4	68.5~71.1	≥71.2
174.0~174.9	<53.8	53.8~61.0	61.1~69.3	69.4~72.0	≥72.1
175.0~175.9	<54.5	54.5~61.5	61.6~69.9	70.0~72.7	≥72.8
176.0~176.9	<55.3	55.3~62.2	62.3~70.9	71.0~73.8	≥73.9
177.0~177.9	<55.8	55.8~62.7	62.8~71.6	71.7~74.5	≥74.6
178.0~178.9	<56.2	56.2~63.3	63.4~72.3	72.4~75.3	≥75.4
179.0~179.9	<56.7	56.7~63.8	63.9~72.8	72.9~75.8	≥75.9
180.0~180.9	<57.1	57.1~64.3	64.4~73.5	73.6~76.5	≥76.6
181.0~181.9	<57.7	57.7~64.9	65.0~74.2	74.3~77.3	≥77.4
182.0~182.9	<58.2	58.2~65.6	65.7~74.9	75.0~77.8	≥77.9
183.0~183.9	<58.8	58.8~66.2	66.3~75.7	75.8~78.8	≥78.9
184.0~184.9	<59.3	59.3~66.8	66.9~76.3	76.4~79.4	≥79.5
185.0~185.9	<59.9	59.9~67.4	67.5~77.0	77.1~80.2	≥80.3
186.0~186.9	<60.4	60.4~68.1	68.2~77.8	77.9~81.1	≥81.2
187.0~187.9	<60.9	60.9~68.7	68.8~78.6	78.7~81.9	≥82.0
188.0~188.9	<61.4	61.4~69.2	69.3~79.3	79.4~82.6	≥82.7
189.0~189.9	<61.8	61.8~69.8	69.9~79.9	80.0~83.2	≥83.3
190.0~190.9	<62.4	62.4~70.4	70.5~80.5	80.6~83.6	≥83.7

注：身高低于表中所列出的最低身高段的下限值时，身高每低 1 厘米，实测体重需加上 0.5 千克，实测身高需加上 1 厘米，再查表确定分值。身高高于表中所列出的最高身高段时，身高每高 1 厘米，其实测体重需减去 0.9 千克，实测身高需减去 1 厘米，再查表确定分值。

附表2　大学一年级至四年级女生身高标准体重　（体重单位：千克）

身高段/厘米	营养不良	较低体重	正常体重	超重	肥胖
	50分	60分	100分	60分	50分
140.0～140.9	<36.5	36.5～42.4	42.5～50.6	50.7～53.3	≥53.4
141.0～141.9	<36.6	36.6～42.9	43.0～51.3	51.4～54.1	≥54.2
142.0～142.9	<36.8	36.8～43.2	43.3～51.9	52.0～54.7	≥54.8
143.0～143.9	<37.0	37.0～43.5	43.6～52.3	52.4～55.2	≥55.3
144.0～144.9	<37.2	37.2～43.7	43.8～52.7	52.8～55.6	≥55.7
145.0～145.9	<37.5	37.5～44.0	44.1～53.1	53.2～56.1	≥56.2
146.0～146.9	<37.9	37.9～44.4	44.5～53.7	53.8～56.7	≥56.8
147.0～147.9	<38.5	38.5～45.0	45.1～54.3	54.4～57.3	≥57.4
148.0～148.9	<39.1	39.1～45.7	45.8～55.0	55.1～58.0	≥58.1
149.0～149.9	<39.5	39.5～46.2	46.3～55.6	55.7～58.7	≥58.8
150.0～150.9	<39.9	39.9～46.6	46.7～56.2	56.3～59.3	≥59.4
151.0～151.9	<40.3	40.3～47.1	47.2～56.7	56.8～59.8	≥59.9
152.0～152.9	<40.8	40.8～47.6	47.7～57.4	57.5～60.5	≥60.6
153.0～153.9	<41.4	41.4～48.2	48.3～57.9	58.0～61.1	≥61.2
154.0～154.9	<41.9	41.9～48.8	48.9～58.6	58.7～61.9	≥62.0
155.0～155.9	<42.3	42.3～49.1	49.2～59.1	59.2～62.4	≥62.5
156.0～156.9	<42.9	42.9～49.7	49.8～59.7	59.8～63.0	≥63.1
157.0～157.9	<43.5	43.5～50.3	50.4～60.4	60.5～63.6	≥63.7
158.0～158.9	<44.0	44.0～50.8	50.9～61.2	61.3～64.5	≥64.6
159.0～159.9	<44.5	44.5～51.4	51.5～61.7	61.8～65.1	≥65.2
160.0～160.9	<45.0	45.0～52.1	52.2～62.3	62.4～65.6	≥65.7
161.0～161.9	<45.4	45.4～52.5	52.6～62.8	62.9～66.2	≥66.3
162.0～162.9	<45.9	45.9～53.1	53.2～63.4	63.5～66.8	≥66.9
163.0～163.9	<46.4	46.4～53.6	53.7～63.9	64.0～67.3	≥67.4
164.0～164.9	<46.8	46.8～54.2	54.3～64.5	64.6～67.9	≥68.0

续表

身高段/厘米	营养不良	较低体重	正常体重	超重	肥胖
	50 分	60 分	100 分	60 分	50 分
165.0～165.9	<47.4	47.4～54.8	54.9～65.0	65.1～68.3	≥68.4
166.0～166.9	<48.0	48.0～55.4	55.5～65.5	65.6～68.9	≥69.0
167.0～167.9	<48.5	48.5～56.0	56.1～66.2	66.3～69.5	≥69.6
168.0～168.9	<49.0	49.0～56.4	56.5～66.7	66.8～70.1	≥70.2
169.0～169.9	<49.4	49.4～56.8	56.9～67.3	67.4～70.7	≥70.8
170.0～170.9	<49.9	49.9～57.3	57.4～67.9	68.0～71.4	≥71.5
171.0～171.9	<50.2	50.2～57.8	57.9～68.5	68.6～72.1	≥72.2
172.0～172.9	<50.7	50.7～58.4	58.5～69.1	69.2～72.7	≥72.8
173.0～173.9	<51.0	51.0～58.8	58.9～69.6	69.7～73.1	≥73.2
174.0～174.9	<51.3	51.3～59.3	59.4～70.2	70.3～73.6	≥73.7
175.0～175.9	<51.9	51.9～59.9	60.0～70.8	70.9～74.4	≥74.5
176.0～176.9	<52.4	52.4～60.4	60.5～71.5	71.6～75.1	≥75.2
177.0～177.9	<52.8	52.8～61.0	61.1～72.1	72.2～75.7	≥75.8
178.0～178.9	<53.2	53.2～61.5	61.6～72.6	72.7～76.2	≥76.3
179.0～179.9	<53.6	53.6～62.0	62.1～73.2	73.3～76.7	≥76.8
180.0～180.9	<54.1	54.1～62.5	62.6～73.7	73.8～77.0	≥77.1
181.0～181.9	<54.5	54.5～63.1	63.2～74.3	74.4～77.8	≥77.9
182.0～182.9	<55.1	55.1～63.8	63.9～75.0	75.1～79.4	≥79.5
183.0～183.9	<55.6	55.6～64.5	64.6～75.7	75.8～80.4	≥80.5
184.0～184.9	<56.1	56.1～65.3	65.4～76.6	76.7～81.2	≥81.3
185.0～185.9	<56.8	56.8～66.1	66.2～77.5	77.6～82.4	≥82.5
186.0～186.9	<57.3	57.3～66.9	67.0～78.6	78.7～83.3	≥83.4

注：身高低于表中所列出的最低身高段的下限值时，身高每低 1 厘米，实测体重需加上 0.5 千克，实测身高需加上 1 厘米，再查表确定分值。身高高于表中所列出的最高身高段时，身高每高 1 厘米，其实测体重需减去 0.9 千克，实测身高需减去 1 厘米，再查表确定分值。

附表3　大学男生评分标准

等级	单项得分	肺活量体重指数	1 000米/（分·秒）	台阶试验	50米跑/秒	立定跳远/米	掷实心球/米	握力体重指数	引体向上/次	坐位体前屈/厘米	跳绳/（次·分钟$^{-1}$）	篮球运球/秒	足球运球/秒	排球垫球/次
优秀	100	84	3′27″	82	6.0	2.66	15.7	92	26	23.0	198	8.6	6.3	50
	98	83	3′28″	80	6.1	2.65	15.2	91	25	22.6	193	9.0	6.5	49
	96	82	3′31″	77	6.2	2.63	14.4	90	24	22.0	186	9.6	6.9	46
	94	81	3′33″	74	6.3	2.62	13.6	89	23	21.4	178	10.3	7.3	44
	92	80	3′35″	71	6.4	2.60	12.5	87	22	20.6	168	11.1	7.7	41
	90	78	3′39″	67	6.5	2.58	11.5	86	21	19.8	158	12.0	8.2	38
良好	87	77	3′42″	65	6.6	2.56	11.3	84	20	18.9	152	12.4	8.5	37
	84	75	3′45″	63	6.8	2.52	10.9	81	19	17.5	144	12.9	8.9	34
	81	73	3′49″	60	7.0	2.48	10.5	79	18	16.2	136	13.5	9.3	32
	78	71	3′53″	57	7.3	2.43	10.0	75	17	14.3	124	14.3	9.9	29
	75	68	3′58″	53	7.5	2.38	9.5	72	16	12.5	113	15.0	10.4	26
及格	72	66	4′05″	52	7.6	2.35	9.3	70	15	11.3	108	15.6	10.7	25
	69	64	4′12″	51	7.7	2.31	8.9	66	14	9.5	101	16.6	11.2	23
	66	61	4′19″	50	7.8	2.26	8.5	63	13	7.8	94	17.5	11.7	21
	63	58	4′26″	48	8.0	2.20	8.0	59	12	5.4	85	18.8	12.3	18
	60	55	4′33″	46	8.1	2.14	7.5	54	11	3.0	75	20.0	12.9	15
不及格	50	54	4′40″	45	8.2	2.12	7.3	53	9	2.4	71	20.6	13.3	14
	40	52	4′47″	44	8.3	2.09	7.0	51	8	1.4	64	21.6	13.8	12
	30	51	4′54″	43	8.5	2.06	6.7	49	7	0.5	58	22.5	14.3	10
	20	49	5′01″	42	8.6	2.03	6.2	47	6	−0.8	49	23.8	15.0	8
	10	47	5′08″	40	8.8	1.99	5.8	44	5	−2.0	40	25.0	15.7	5

附表 4　大学女生评分标准

等级	单项得分	肺活量体重指数	800 米/(分·秒)	台阶试验	50 米跑/秒	立定跳远/米	掷实心球/米	握力体重指数	仰卧起坐/(次·分钟$^{-1}$)	坐位体前屈/厘米	跳绳/(次·分钟$^{-1}$)	篮球运球/秒	足球运球/秒	排球垫球/次
优秀	100	70	3′24″	78	7.2	2.07	8.6	74	52	21.1	190	11.2	7.3	46
	98	69	3′27″	75	7.3	2.06	8.5	73	51	20.8	184	11.5	7.8	44
	96	68	3′29″	72	7.4	2.05	8.4	72	50	20.3	175	12.0	8.6	41
	94	67	3′32″	69	7.5	2.03	8.2	71	49	19.8	166	12.6	9.4	38
	92	65	3′35″	64	7.7	2.01	8.0	69	47	19.2	154	13.3	10.5	34
	90	64	3′38″	60	7.8	1.99	7.8	67	45	18.6	142	14.0	11.5	30
良好	87	63	3′42″	59	7.9	1.97	7.7	66	44	17.7	137	14.6	11.9	29
	84	61	3′46″	57	8.0	1.93	7.6	63	43	16.3	130	15.6	12.5	27
	81	59	3′50″	55	8.2	1.89	7.5	61	42	15.0	122	16.5	13.2	25
	78	57	3′54″	52	8.3	1.84	7.4	58	40	13.1	112	17.8	14.0	23
	75	54	3′58″	49	8.5	1.79	7.2	55	38	11.3	102	19.0	14.9	20
及格	72	53	4′03″	48	8.6	1.76	7.1	53	37	10.1	98	19.8	15.6	19
	69	51	4′08″	47	8.7	1.72	7.0	50	35	8.3	92	20.9	16.7	17
	66	49	4′13″	46	8.8	1.69	6.8	48	33	6.5	86	22.0	17.8	15
	63	46	4′18″	44	8.9	1.63	6.6	44	31	4.1	78	23.5	19.3	13
	60	43	4′23″	42	9.0	1.58	6.4	40	28	1.7	70	25.0	20.8	10
不及格	50	42	4′30″	41	9.1	1.56	6.2	39	27	1.5	66	25.8	21.2	9
	40	41	4′37″	40	9.3	1.53	6.0	38	26	1.3	59	26.9	21.9	8
	30	39	4′44″	39	9.5	1.50	5.7	36	25	1.0	53	28.0	22.5	7
	20	37	4′51″	38	9.8	1.46	5.4	34	23	0.6	44	29.5	23.4	6
	10	35	5′00″	36	10.0	1.42	5.0	32	21	0.2	35	31.0	24.3	4

注：附表 1 至附表 4 引自教育部《国家学生体质健康标准》，2007.

附录二

大学生心理健康自评量表（SCL-90）

《症状自评量表-SCL90》（附表5）是世界上最著名的心理健康测试量表之一，是当前使用最为广泛的精神障碍和心理疾病门诊检查量表，能有效地诊断学生的心理健康状况，确定学生心理健康问题或障碍的症状及特点，能为学校开展心理健康教育、推行心理辅导与咨询工作提供依据，进而为促进学生的全面发展和提高教育质量服务。

（1）测试构成。本测验共90个自我评定项目。测验的9个因子分别为：躯体化、强迫症状、人际关系敏感、抑郁、焦虑、敌对、恐怖、偏执及精神病性。

附表5　SCL-90测试的9个因子

因子	项目	得分=项目总分/项目数
躯体化	1、4、12、27、40、42、48、49、52、53、56、58	
强迫症状	3，9，10，28，38，45，46，51，55，65	
人际关系敏感	6，21，34，36，37，41，61，69，73	
抑郁	5，14，15，20，22，26，29，30，31，32，54，71，79	
焦虑	2，17，23，33，39，57，72，78，80，86	
敌对	11，24，63，67，74，81	
恐怖	13，25，47，50，70，75，82	
偏执	8，18，43，68，76，83	
精神病性	7，16，35，62，77，84，85，87，88，90	
睡眠及饮食	19，44，59，60，64，66，89	

（2）评定方法。分为5级评分（0～4级），0=从无，1=轻度，2=中度，3=相当重，4=严重。

（3）得分解释。得分解释见附录7。

（4）正常人SCL-90因子分常模（附表6）。

附表6　正常人SCL-90因子分常模表

因子	X+SD	因子	X+SD
躯体化	1.37+0.48	敌对性	1.46+0.55
强迫	1.62+0.58	恐怖	1.23+0.41
人际关系	1.65+0.61	偏执	1.43+0.57
抑郁	1.5+0.59	精神病性	1.29+0.42
焦虑	1.39+0.43		

注：正常成人SCL-90的因子分常模，如果因子分超过常模即为异常。

附表7　症状自评量表（SCL-90）

指导语：以下列出了有些人可能会有的问题，请您仔细阅读每一条，然后根据最近一星期内下列问题是否存在，它们影响你或使你感到苦恼的实际感觉，在每题后相应的数字上画“√”，请不要漏题。

编号	症　状	从无	轻度	中度	偏重	严重
1	头痛					
2	神经过敏，心中不踏实					
3	头脑中有不必要的想法或字句盘旋					
4	头昏或昏倒					
5	对异性的兴趣减退					
6	对旁人责备求全					
7	感到别人能控制您的思想					
8	责怪别人制造麻烦					
9	忘性大					
10	担心自己的衣饰不整齐及仪态不端正					
11	容易烦恼和激动					
12	胸痛					
13	害怕空旷的场所或街道					
14	感到自己的精力下降，活动减慢					
15	想结束自己的生命					
16	听到旁人听不到的声音					

续表

编号	症　状	从无	轻度	中度	偏重	严重
17	发抖					
18	感到大多数人都不可信任					
19	胃口不好					
20	容易哭泣					
21	同异性相处时感到害羞不自在					
22	感到受骗，中了圈套或有人想抓住您					
23	无缘无故地突然感到害怕					
24	自己不能控制地大发脾气					
25	怕单独出门					
26	经常责怪自己					
27	腰痛					
28	感到难以完成任务					
29	感到孤独					
30	感到苦闷					
31	过分担忧					
32	对事物不感兴趣					
33	感到害怕					
34	您的感情容易受到伤害					
35	旁人能知道您的私下想法					
36	感到别人不理解您、不同情您					
37	感到人们对您不友好，不喜欢您					
38	做事必须做得很慢以保证做得正确					
39	心跳得很厉害					
40	恶心或胃部不舒服					
41	感到比不上他人					
42	肌肉酸痛					
43	感到有人在监视您，谈论您					
44	难以入睡					

续表

编号	症　状	从无	轻度	中度	偏重	严重
45	做事必须反复检查					
46	难以作出决定					
47	怕乘电车、公共汽车、地铁或火车					
48	呼吸有困难					
49	一阵阵发冷或发热					
50	因为感到害怕而避开某些东西、场合或活动					
51	脑子变空了					
52	身体发麻或刺痛					
53	喉咙有梗塞感					
54	感到前途没有希望					
55	不能集中注意力					
56	感到身体的某一部分软弱无力					
57	感到紧张或容易紧张					
58	感到手或脚发重					
59	想到死亡的事					
60	吃得太多					
61	当别人看着您或议论您时感到不自在					
62	有一些不属于您自己的想法					
63	有想打人或伤害他人的冲动					
64	醒得太早					
65	必须反复洗手、点数					
66	睡得不稳不深					
67	有想摔坏或破坏东西的想法					
68	有一些别人没有的想法					
69	感到对别人神经过敏					
70	在商店或电影院等人多的地方感到不自在					
71	感到任何事情都很困难					
72	一阵阵恐惧或惊恐					

续表

编号	症　状	从无	轻度	中度	偏重	严重
73	感到在公共场所吃东西很不舒服					
74	经常与人争论					
75	单独一人时神经很紧张					
76	别人对您的成绩没有恰当的评价					
77	即使和别人在一起也感到孤单					
78	感到坐立不安，心神不定					
79	感到自己没有什么价值					
80	感到熟悉的东西变得陌生或不像是真的					
81	大叫或摔东西					
82	害怕会在公共场所昏倒					
83	感到别人想占您的便宜					
84	为一些有关性的想法而很苦恼					
85	您认为应该因为自己的过错而受到惩罚					
86	感到要很快把事情做完					
87	感到自己身体有严重问题					
88	从未感到和其他人很亲近					
89	感到自己有罪					
90	感到自己的脑子有毛病					

《症状自评量表（SCL-90）》得分解释：

1. 总症状指数

指总的来看，被试的自我症状评价介于“从无”到“严重”的哪一个水平。总症状指数的分数在0～0.5，表明被试自我感觉没有量表中所列的症状；分数在0.5～1.5，表明被试感觉有点症状，但发生得并不频繁；在1.5～2.5，表明被试感觉有症状，其严重程度为轻到中度；分数在2.5～3.5，表明被试感觉有症状，其程度为中到严重；分数在3.5～4表明被试感觉有，且症状的频度和强度都十分严重。

2. 阳性项目数

指被评为1～4分的项目数分别是多少，它表示被试在多少项目中感到“有症状”。

3. 阴性项目数

指被评为0分的项目数，它表示被试“无症状”的项目有多少。

4. 阳性症状均分

指个体自我感觉不佳的项目的程度究竟处于哪个水平。其意义与总症状指数的相同。

5. 因子分

SCL-90包括9个因子，每一个因子反映出个体某方面的症状情况，通过因子分可了解症状分布特点。当个体在某一因子的得分大于2时，即超出正常均分，则个体在该方面就很有可能有心理健康方面的问题。

（1）躯体化。主要反映身体不适感，包括心血管、胃肠道、呼吸和其他系统的不适；头痛、背痛、肌肉酸痛以及焦虑等躯体不适表现。

该分量表的得分在0～48分。得分在24分以上，表明个体在身体上有较明显的不适感，并常伴有头痛、肌肉酸痛等症状。得分在12分以下，躯体症状表现不明显。总的说来，得分越高，躯体的不适感越强；得分越低，症状体验越不明显。

（2）强迫症状。主要指那些明知没有必要，但又无法摆脱的无意义的思想、冲动和行为，还有一些比较一般的认知障碍的行为征象也在这一因子中反映。

该分量表的得分在0～40分。得分在20分以上，强迫症状较明显。得分在10分以下，强迫症状不明显。总的说来，得分越高，表明个体越无法摆脱一些无意义的行为、思想和冲动，并可能表现出一些认知障碍的行为征兆。得分越低，表明个体在此种症状上表现越不明显，没有出现强迫行为。

（3）人际关系敏感。主要是指在某些人际交往中有些不自在与自卑感，特别是与其他人相比较时更加突出。在人际交往中的自卑感、心神不安、明显的不自在，以及在人际交往中的不良自我暗示、消极的期待等是这方面症状的典型原因。

该分量表的得分在0～36分。得分在18分以上，表明个体对人际关系较为敏感，在人际交往中自卑感较强，并伴有行为症状（如坐立不安，退缩等）。得分在9分以下，表明个体在人际关系上较为正常。总的说来，得分越高，个体在人际交往中表现的问题就越多，自卑、自我中心越突出，并且已表现出消极的期待。得分越低，个体在人际关系上越能应付自如，人际交流自信、胸有成竹，并抱有积极的期待。

（4）抑郁。指苦闷的情感与以心境为代表的症状，还以生活兴趣的减退、缺乏动力、丧失活力等为特征。还表现出失望、悲观以及与抑郁相联系的认知和躯体方面的感受，另外，还包括有关死亡的思想和自杀观念。

该分量表的得分在0～52分。得分在26分以上，表明个体的抑郁程度较强，对生活缺乏足够的兴趣，缺乏运动活力，在极端情况下可能会有想死亡的思想和自杀的观念。得分在13分以下，表明个体抑郁程度较弱，生活态度乐观积极，充满活力，心境愉快。总的说来，得分越高，抑郁程度越明显；得分越低，抑郁程度越不明显。

（5）焦虑。一般指那些烦躁，坐立不安，神经过敏，紧张以及由此产生的躯体征象，如震颤等。该分量表的得分在0～40分。得分在20分以上，表明个体较易焦虑，易表现出烦躁、不安静和神经过敏，极端时可能导致惊恐发作。得分在10分以下，表明个体不易焦虑，易表现出安定的状态。总的说来，得分越高，焦虑表现越明显；得分越低，越不会导致焦虑。

（6）敌对。主要从三方面来反映敌对的表现：思想、感情及行为。其项目包括厌烦的感觉，摔物，争论直到不可控制的脾气暴发等各方面。该分量表的得分在0～24分。得分在12分以上，表明个体易表现出敌对的思想、情感和行为。得分在6分以下表明个体容易表现出友好的思想、情感和行为。总的说来，得分越高，个体越容易敌对，好争论，脾气难以控制；得分越低，个体的脾气越温和，待人友好，不喜欢争论，无破坏行为。

（7）恐怖。恐惧的对象包括出门旅行，空旷场地，人群或公共场所和交通工具。此外，还有社交恐怖。该分量表的得分在0～28分。得分在14分以上，表明个体恐怖症状较为明显，常表现出对社交、广场和人群的恐惧。得分在7分以下，表明个体的恐怖症状不明显。总的说来，得分越高，个体越容易对一些场所和物体发生恐惧，并伴有明显的躯体症状；得分越低，个体越不易产生恐怖心理，越能正常地参与交往和活动。

（8）偏执。主要指投射性思维，敌对、猜疑、妄想、被动体验和夸大等。该分量表的得分在0～24分。得分在12分以上，表明个体的偏执症状明显，较易猜疑和敌对。得分在6分以下，表明个体的偏执症状不明显。总的说来，得分越高，个体越易偏执，表现出投射性的思维和妄想；得分越低，个体思维越不易走极端。

（9）精神病性。反映各式各样的急性症状和行为，即限定不严的精神病性过程的症状表现。该分量表的得分在0～40分。得分在20分以上，表明个体的精神病性症状较为明显。得分在10分以下，表明个体的精神病性症状不明显。总的说来，得分越高，越多地表现出精神病性症状和行为；得分越低，就越少表现出这些症状和行为。

（10）其他项目。作为附加项目或其他，作为第10个因子来处理，以便使各因子分之和等于总分。

附录三

大学生社会适应测试量表

附表8　大学生社会适应测试量表

编号	症　状	是	无法肯定	不是
1	最怕转学或转班级，每到一个新环境，我总要经过很长一段时间才能适应			
2	每到一个新的地方，我很容易同别人接近			
3	在陌生人面前，我常无话可说，以至感到尴尬			
4	我最喜欢学习新知识或进行创造性的活动，它给我一种新鲜感，能调动我的积极性			
5	每到一个新地方，我第一天总是睡不好，就是在家里，只要换一张床，有时也会失眠			
6	不管生活条件有多大变化，我也能很快习惯			
7	越是人多的地方，我越感到紧张			
8	在正式比赛或考试时，我的成绩多半不会比平时练习差			
9	我最怕在众人面前发言，尤其当在导师们面前时，心紧张得都快跳出来了			
10	即使有的同学对我有看法，我仍能同他（她）交往			
11	能很好地处理与周围同学的关系			
12	和同学、家人相处，我很少固执己见，乐于采纳别人的看法			
13	同别人争论时，我常常感到语塞，事后才想起该怎样反驳对方，可惜已经太迟了			
14	我对生活条件要求不高，即使生活条件很艰苦，我也能过得很愉快			

续表

编号	症　状	是	无法肯定	不是
15	有时自己明明把要论述的东西记得非常清楚，但一到在众人面前发言时，还是会出差错			
16	在决定胜负的关键时刻，我虽然很紧张，但总能很快地使自己镇定下来			
17	我不喜欢的东西，不管怎么学也学不会			
18	在嘈杂混乱的环境里，我仍然能集中精力学习，并且效率较高			
19	我不喜欢陌生人来家里做客，每逢这种情况，我就有意回避			
20	我很喜欢参加社交活动，我感到这是交朋友的好机会			

附表 9　大学生社会适应测试量表得分评价

得分/分	得 分 评 价
35～40	社会适应能力很强，能很快地适应新的学习、生活环境，与人交往轻松、大方，给人的印象极好，无论进入什么样的环境，都能应付自如，左右逢源
9～34	社会适应能力良好
17～28	社会适应能力一般，当进入一个新环境，经过一段时间的努力，基本上能适应
6～16	社会适应能力较差，依赖于较好的学习、生活环境，一旦遇到困难则易怨天尤人，甚至消沉
5 以下	社会适应能力很差，在各种新环境中，即使经过一段相当长时间的努力，也不一定能够适应，常常感到有些困惑，甚至与周围事物格格不入，因而十分苦恼。在与他人的交往中，总是显得拘谨、羞怯、手足无措

主要参考文献

[1] 郑厚成．全国普通高等学校体育实践教程．北京：高等教育出版社，1998.
[2] 邹继豪，孙麒麟．体育与健康教程．沈阳：辽宁大学出版社，2004.
[3] 卢元镇．中国体育文化纵横谈．北京：北京体育大学出版社，2005.
[4] 黄辅周．排球．北京：北京体育学院出版社，1991.
[5] 马启伟．体育心理学．北京：高等教育出版社，1996.
[6] 张瑞林．体育与健康．山东：山东大学出版社，2002.
[7] 杨忠伟．体育运动与健康促进．北京：高等教育出版社，2004.
[8] 田野．运动生理学高级教程．北京：高等教育出版社，2003.
[9]（日）原田一志．运动包扎．李鸿，孙守正译．北京：人民体育出版社，2002.
[10] 卢元镇．社会体育学．北京：高等教育出版社，2002.
[11] 卢元镇．中国体育文化纵横谈．北京：北京体育大学出版社，2005.
[12] 全国体育学院教材委员会．运动生理学．北京：人民体育出版社，2003.
[13] 全国体育学院教材委员会．运动训练学．北京：人民体育出版社，1993.
[14] 全国体育学院教材委员会．运动医学．北京：人民体育出版社，2005.
[15] 肖国强．运动能量代谢．北京：人民体育出版社，1997.
[16] 全国体育院校教材委员会．排球．北京：人民体育出版社，1998.
[17] 杨龙．排球规则的新变化与今后的攻防格局．体育与科学，1995（2）.
[18] 徐建英．运动性伤病与防治．北京：北京体育学院出版社，1991.
[19] 陈智勇．现代大学体育教程．北京：北京体育大学出版社，2004.
[20] 黄辅周，钟秉枢．排球运动科学探蹊．北京：北京体育大学出版社，1995.
[21] 李安格．现代排球．北京：人民体育出版社，1995.
[22] 李征．排球．合肥工业大学出版社，2002.
[23] 朱舰．世界排球市场化．北京：北京体育大学出版社，2002.
[24] 连道明．软式排球运动．北京：人民体育出版社，2002.
[25] 高子琦．排球裁判法图解．北京：北京体育大学出版社，2002.
[26] 钟秉枢．排球技巧图解．北京：北京体育大学出版社，2003.
[27] 黄汉升．球类运动——排球．北京：高等教育出版社，2003.
[28] 黄汉升．球类运动——排球．北京：高等教育出版社，2005.
[29] 全国体育院校教材委员会．排球．北京：人民体育出版社，1998.
[30] 钟秉枢．排球．北京：北京体育大学出版社，1998.

[31] 浙江省高校体育教材编委会．排球．杭州：浙江大学出版社，2002.
[32] 张力为．体育运动心理学研究进展．北京：高等教育出版社，2000.
[33] 刘慕梧．体育美学研究与应用．北京：北京体育大学出版社，1994.
[34] 中国体育科学学会体育社会科学学会分会．体育美学论文集．体育与科学，1992．(8).
[35] 高子琦．排球裁判必读．北京：北京体育大学出版社，2002.
[36] 高子琦．排球裁判法图解．北京：北京体育大学出版社，2002.
[37] 国家体育总局排球运动管理中心．软式排球竞赛规则．北京：人民体育出版社，2002.
[38] 赵敬国．健康教育．北京：北京出版社，2002.
[39] 全国体育院校教材委员会．排球．北京：人民体育出版社，1998.
[40] 葛春林．最新排球训练理论与实践．北京：北京体育大学出版社，2003.
[41] 李金玲．排球运动与学生身心健康之间的关系．科技信息，2008．(24)：559.
[42] 俞继英．奥运会项目大全奥林匹克排球．北京：人民体育出版社，2001.
[43] 中国排球协会审定．排球竞赛规则（2005—2008）．北京：人民体育出版社，2006.
[44] 沙滩排球竞赛规则（2008）中国排球协会审定．北京：人民体育出版社，2006.
[45] 游江波．排球．北京：北京体育大学出版社，2004.

相关网站：

[1] 百度百科 http://baike.baidu.com/view/17867.htm#5
[2] 国际排球联合会官网 http://www.fivb.org/EN/FIVB/org_continentalConf.htm
[3] 百度百科 http://baike.baidu.com/view/39777.htm#3
[4] 搜狐体育 http://sports.sohu.com/20080330/n255987791.shtml
[5] 中国学校体育网 http://www.schoolsports.com.cn/info/info.asp? info_ID=565
[6] 南方体育网 http://www.southcn.com/sports/scroll/200211040617.htm
[7] 百度百科 http://bk.baidu.com/view/208360.htm? func=retitle
[8] 深圳新闻网 http://sports.sznews.com/content/2009-06/24/content_3866113.htm
[9] 江门新闻网 http://www.jmnews.com.cn/c/2009/03/27/10/c_1021865.shtml

郑重声明

反盗版举报电话：(010) 58581897/58581896/58581879

反盗版举报传真：(010) 82086060

E - mail：dd@ hep. com. cn

通信地址：北京市西城区德外大街 4 号

高等教育出版社打击盗版办公室

邮　　编：100120

购书请拨打电话：(010) 58581118